ONOMATOPÉES FRANÇAISES.

DICTIONNAIRE RAISONNÉ DES ONOMATOPÉES FRANCAISES,

Par Charles NODIER.

ADOPTÉ

Par la Commission d'Instruction publique,

POUR LES BIBLIOTHEQUES DES LYCÉES.

PARIS,

DEMONVILLE, Imprimeur-Libraire,
rue Christine, No. 2.

1808.

A

MONSIEUR OUDET,

BIBLIOTHÉCAIRE DE LA POLICE GENERALE.

HOMMAGE

De l'estime et de la reconnaissance.

PRÉFACE.

On a desiré quelquefois un dictionnaire des Onomatopées françaises. On a cru que ce recueil serait utile à ceux qui étudient notre langue, et je souhaite que mon ouvrage ne trompe pas cette espérance.

Il y a, sans doute, peu de mérite à ces sortes de compilations. Ce sont de ces travaux qui, suivant l'expression de Duverdier, exigent plus de zèle que de talent, et plus de patience que d'industrie. Mais c'est en cela même qu'ils sont dignes de quelque considération, quand ils atteignent leur but, puisqu'ils supposent à la fois du désintéressement et du courage. On connaît ces vers de Scaliger :

Si quem dura manet sententia judicis olim,
Damnatum ærumnis suppliciisque caput :
Hunc neque fabrili lassent ergastula massa,
Nec rigidas vexent fossa metalla manus.
Lexica contexat : nam, cætera quid moror ? Omnes
Pœnarum facies hic labor unus habet.

« L'Onomatopée, dit Dumarsais, est
» une figure par laquelle un mot imite
» le son naturel de ce qu'il signifie. On
» réduit sous cette figure les mots formés
» par imitation du son, comme le *glou-*
» *glou* de la bouteille : le *cliquetis*, c'est-
» à-dire le bruit que font les boucliers,
» les épées, et autres armes en se cho-
» quant : le *tric trac* qu'on appelait au-
» trefois *tic tac*, sorte de jeu assez com-
» mun, ainsi nommé du bruit que font
» les dames et les dez dont on se sert à
» ce jeu : *tinnitus acris*, tintement,
» c'est le son clair et aigu des métaux :
» *bilbire*, *bilbit amphora*, la petite
» bouteille qui fait glouglou, on le dit
» d'une petite bouteille dont le goulot
» est étroit : *taratantara*, c'est le bruit
» de la trompette,

At tuba terribili sonitu taratantara dixit.

» C'est un ancien vers d'Ennius au
» rapport de Servius. Virgile en a changé
» le dernier hémistiche qu'il n'a pas

» trouvé assez digne de la poésie épique ;
» voyez Servius sur ce vers de Virgile :

At tuba terribilem sonitum procul ære canoro
Increpuit.

» *Cachinnus*, c'est un rire immodéré.
» *Cachinno, onis*, se dit d'un homme
» qui rit sans retenue. Ces deux mots
» sont formés du son ou du bruit que
» l'on entend, quand quelqu'un rit avec
» éclat.

» Il y a aussi plusieurs mots qui ex-
» priment le cri des animaux, comme
» *bêler*, qui se dit des brebis.

» *Baubari*, aboyer, se dit des gros
» chiens. *Latrare*, aboyer, hurler, c'est
» le mot générique. *Mutire*, parler en-
» tre les dents, murmurer, gronder
» comme les chiens. Les noms de plu-
» sieurs animaux sont tirés de leurs cris,
» sur-tout dans les langues originales.

» *Upupa*, huppe, hibou.

» *Cuculus*, qu'on prononçait coucou-
» lous, un coucou, oiseau.

» *Hirundo*, une hirondelle.

» *Hulula*, une chouette.

» *Bubo*, un hibou.

» *Gracculus*, un choucas, espèce de » corneille.

» *Gallina*, une poule »........

» Le nom de cette figure est composé » de deux mots grecs, *onoma*, *nomen*, » et *poïo*, *fingo*. *Nominis seu vocabuli* » *fictio*. »

Il paraîtra, peut-être, étonnant qu'on ne puisse citer sur l'Onomatopée que cette notice imparfaite, et à-peu-près insignifiante. Elle n'a été traitée qu'en passant par Dumarsais, parce que les détails auxquels elle aurait pu le conduire étaient étrangers au plan et à la marche de son ouvrage. Ici même, il serait hors de propos d'épuiser cette matière, et de rassembler les raisonnemens qui attestent que les langues n'ont pas eu d'autre type, et n'ont pas suivi dans leur formation d'autre mode que cette figure. En attendant que je puisse offrir au public le résultat des études dont cette question a été pour moi l'objet, je dois me borner à des applications purement classiques; et si j'y attache cependant quelques considérations élémentaires qui feront pressentir mon système, c'est que j'ai cru qu'il étoit nécessaire à la tête d'un recueil d'Onomatopées, de donner de l'Onomatopée une idée plus distincte et plus précise que celles qu'on puiserait dans les vagues définitions des rhéteurs.

> La parole est le signe de la pensée,
> L'écriture est le signe de la parole.

Pour faire passer une sensation dans l'esprit des autres, on a dû représenter l'objet qui la produisait par son bruit ou par sa figure.

Les noms des choses, parlés, ont donc été l'imitation de leurs sons, et les noms des choses, écrits, l'imitation de leurs formes.

L'Onomatopée est donc le type des

langues prononcées, et l'hieroglyphe, le type des langues écrites.

Les êtres qui n'ont pas des formes propres et des bruits particuliers n'ont été dénommés que par analogie, soit dans le langage, soit dans l'écriture.

Les abstractions morales qui sont plus ou moins postérieures à l'établissement des premières sociétés, du moins en très-grande partie, ont dû être dénommées, conformément à la même règle.

Les premiers rapports des choses sensibles et des choses intellectuelles, tels qu'ils ont été saisis par des sens neufs, ayant échappé à nos organes, à travers la succession des temps, ne peuvent être que difficilement retrouvés. Les motifs qui ont déterminé la désignation de ces idées, étant assez généralement perdus, il restera dans les langues une partie qu'on peut appeler la langue abstraite, et dont l'origine ne se démontrera que par une longue suite d'analyses et de comparaisons.

L'autre partie s'expliquera d'elle-même. La nature se nomme.

On aurait tort de conclure, cependant, que suivant les principes que j'émets, tous les hommes dussent parler la même langue, ou que toutes les langues du moins, dussent rapporter leurs termes aux mêmes racines; car, non-seulement, les objets physiques ne nous apparaissent pas à tous sous les mêmes rapports, en raison de la variété de notre organisation; mais encore il n'en est aucun qui ne puisse nous apparaître sous un grand nombre de rapports différens, parmi lesquels notre choix s'est fixé quand il s'est agi de déterminer des signes. Il n'est donc pas surprenant que dans des temps postérieurs à la création d'une langue première, et après de grandes révolutions du globe qui ont dispersé les hommes et effacé les traditions, on en soit venu à reconstruire de nouvelles langues, formées sur des racines nouvelles; mais le procédé aura été le même, l'analyse de ces langues n'exigera que le même genre d'études, et on remontera par elles, comme par les langues antérieurement parlées, aux racines naturelles, seule et véritable source de tout idiome.

Il en sera de même des mots à sens abstrait ou figuré, car l'esprit ne fait pas par-tout les mêmes comparaisons et ne saisit pas toujours les mêmes analogies. Tel aperçoit entre deux objets une relation qui n'y sera point pour les autres, ou qui ne se révélera à leur esprit qu'au moyen d'une série d'observations moins rapides.

Ces modifications dans la nature des sons dont se composent les langues, dépendent de toutes sortes d'influences dont il serait trop long d'examiner l'effet; mais celle des climats s'y fait sur-tout reconnaître. Dans le vocabulaire des pays chauds, tous les mots sont vocaux et fluides. Le grec a une emphase majestueuse, comme le bruit des flots du Pénée. L'italien roule dans ses syllabes sonores, le murmure des cascatelles et le frémissement des oliviers. Dans celui des pays froids, tous les mots sont rudes et consonnans; leurs sons retentissans et heurtés rappellent la rumeur des torrens, le cri des sapins que l'orage courbe, et le fracas des rocs qui s'écroulent.

L'extension des sons radicaux qui expriment une chose bruyante à des sensations d'un autre ordre, n'est pas plus difficile à comprendre. Parmi les sensations de l'homme, il n'y en a qu'un certain nombre qui soient propres au sens de l'ouïe, mais comme c'est à ce sens que s'adresse la parole, et que c'est par lui qu'elle transmet le signe de l'objet qui nous frappe, toutes les expressions paraissent formées pour lui. Des sons ne peuvent exprimer par eux-mêmes les sensations de la vue, du goût, du tact et de l'odorat, mais ces sensations peuvent se comparer jusqu'à un certain point avec celle de l'ouïe, et se rendre manifestes par leur secours. Ces comparaisons n'ont rien d'ailleurs qui ne soit naturel et facile. C'est à elles que toutes les langues doivent les figures et tout concourt à prouver que le langage de l'homme primitif était très-figuré.

Quand on dit qu'une couleur est éclatante, par exemple, on n'entend point par là qu'une couleur puisse produire sur l'organe auditif la sensation d'un bruit violent, comme celui dont la racine du mot *éclatant* est l'expression; mais bien que cette couleur produit sur l'organe visuel une sensation vive et forte comme celle à laquelle on la compare.

L'impression que font éprouver à l'organe du goût les substances acres, âpres ou aigres, n'est accompagnée d'aucun bruit qui reproduise à l'oreille la racine de ces mots qualificatifs; mais elle rappelle à l'organe de l'ouïe les impressions qui ont agi sur lui d'une manière analogue. Si on était porté à croire que ces idées sont forcées, et que l'esprit ne fait pas aisément les comparaisons de sensations, il suffirait de jeter un coup-d'œil sur les poésies primitives qui en sont remplies, ou de donner un instant à la conversation d'un homme ingénieux et simple. Le langage des enfans abonde en figures de cette espèce, et au défaut du terme propre, ils emploient souvent le signe d'une sensation étrangère pour représenter la leur. Les femmes qui ont la sensibilité plus délicate, et qui saisissent plus vîte les rapprochemens les plus fins, en font aussi un grand usage. Enfin, on peut dire que les sens se servent si nécessairement les uns les autres, que sans les emprunts qu'ils se font, on ne pourrait guère peindre qu'imparfaitement les effets qui leur sont propres, et qu'il n'y a rien qui en rende la perception plus exacte et plus profonde.

Indépendamment des mots formés par imitation, il y a dans les langues un très-grand nombre de mots qui sans avoir la même origine n'en sont pas moins composés très-naturellement, et doivent être rapportés à la même figure, c'est-à-dire, à l'Onomatopée, littéralement, *fiction de nom*.

Par exemple, chaque touche vocale étant appropriée à deux ou trois sons particuliers, on ne s'étonnera pas que le nom de ces touches ait été construit sur les sons auxquels elles étaient affectées. C'est ce que j'appellerais langue mécanique. Ainsi, la lettre labiale B a désigné initialement dès le commencement des langues l'organe qui la forme.

Les lettres dentales D et P ont caractérisé les dents.

Les lettres gutturales G et K expriment universellement l'idée de gorge et de gosier.

La nazale N indique le nez.

La lettre L a été consacrée à la langue, parce qu'elle est le plus liquide des sons que la langue forme, et que la langue, pour la prononcer, ne faisant qu'agir contre la voûte du palais, en paraît d'abord la seule touche et le seul agent.

Qui ne voit quelles immenses générations, cette petite quantité de mots a pu fournir, et jusqu'à quel point leurs dérivations ont dû s'étendre dans les langues?

Ensuite, en considérant, avec tous les philosophes qui ont analysé la parole, les sons simples ou vocaux comme la première langue de l'homme, et en passant de là aux sons compliqués, ou consonnans, qui ont dû se succéder suivant le degré de facilité de leur prononciation, nous verrons les langues s'enrichir d'une immense famille d'expressions également naturelles, et c'est ce que j'appelle la langue puérile, parce qu'elle se retrouve toute entière dans le premier langage des enfans.

Le desir, la haine, l'épouvante, le plaisir, toutes les passions que peut éprouver l'homme si voisin de son berceau, ne se manifestent d'abord que par une émission de sons simples, de cris ou de vagissemens. C'est sa langue vocale.

Il invente de nouvelles lettres à mesure que ses organes se développent, et qu'il commence à juger de leurs rapports et de leurs actions réciproques. Il apprend l'emploi des touches de la parole. C'est sa langue consonnante ou articulée.

Mais comme il ne s'en instruit que lentement, et dans un ordre successif, en allant du plus simple au plus composé, les sons dont l'artifice est le plus facile sont les premiers qu'il saisisse, et par conséquent les premiers qu'il attache à ses idées. Telles sont les lettres labiales.

Aussi observe-t-on que ces lettres sont les caractéristiques de toutes les idées essentiellement premières qu'admet l'esprit des enfans. C'est par elles qu'ils désignent presque toutes les choses qui les touchent immédiatement, comme le *bien* et le *mal* physique, les rapports de *parenté* les plus prochains, le *boire*, le *manger*, l'action même de *parler*, etc.

Parcourez les peuples de l'univers, anciens et modernes, dit M. de Brosse; vous verrez que dans tous les siècles et dans toutes les contrées, on employe la lettre de lèvre, ou à son défaut la lettre de dent, ou toutes les deux ensemble, dans la construction des mots enfantins qui représentent ceux de *père* et de *mère*.

Le Chananéen, continue-t-il, l'Hébreu, le Syriaque, l'Arabe, et autres dérivés de l'Assyrien et du Phénicien, que nous n'avons plus, disent *aB*, *aBBa*, *aVa*, *aBoh*, *aBou*;

Le Grec, le Latin, l'Italien, l'Espagnol, le Français : *PaTer*, *PaDre*, *Père*;

L'Istrien, le Catalan, le Portugais, le Gascon : *Pari*, *Para*, *Pae*, *Paire*;

Le Tudesque, le Francisque, l'Anglo-Saxon, le Belgique, le Flamand, le Frison, le Rhunique, le Scandinave, l'Écossais, l'Anglais, l'Allemand, le Persan, et autres qui paraissent dérivés du Scythe : *FaDer*, *FaTer*, *VaTTer*, *VaDer*, *PaDer*, *Payer*, *Peer*, *Feer*, *FoeDor*, *FaDiir*, *FaTher*, *FaTTer*, etc.

L'Arcadien, *FaVor*;

Le Malabare, *PiTaVe*;

Le Chingulais de l'île Ceylan, *PiTa*;

L'Ethiopien, l'Abyssin, le Mélindien des Côtes d'Afrique, et autres qui paraissent dérivés de l'Arabe : *aBi*, *aBBa*, *aBa*, *BaBa*;

Le Turc, *BaBa;*

Le Moresque, *aBBé;*

Le Sarde, *BaBu;*

L'ancien Rhoetique, *PaPa;*

Le Hongrois, *aPa;*

Le Malais de l'Inde et du Bengale, *BaPPa;*

Le Balie des Siamois, *Poo;*

Le Mogol, *BaaB;*

Le Tangut, *haPa;*

Le Thibet, *Fa;*

Le Hottentot, *Bo;*

Les Chinois, l'Annamitique du Tunquin, *Fu*, *Phu;*

Le Tartare, *BaBa;*

Le Mantcheou, *aMa;*

Le Tunguz, *aMin;*

Le Georgien et l'Ibérien, *MaMa;*

Le Caraïbe, *BaBa;*

Le Groënlandais, *uBia;*

Le Galibis, *BaBa;*

Le Sauvage de la rivière des Amazônes, *PaPe;*

Le Kalmouck, *aBega ;*

Le Samoïède, *aBaM ;*

Le Moluquois, *BaPa ;*

Le Tamoul, *BiTa, ViDa ;*

Passant ensuite à la lettre de dent, le même Savant rapporte les synonimies de l'Egyptien, du Cophte, de l'Africain d'Angola, qui disent *TaauT, TheuT, ThoT, ToT ;*

L'Africain du Congo dit *TaT ;*

Le Cimraëc, le Celtique, l'Armorique, le Bas-Breton, le Gallois, le Cantabre disent *TaaT, TaaD, TaD, TaTh, Taz, aiTa ;*

L'Irlandais, *naThair ;*

Le Gothique, *aTTa ;*

L'Epirote, *aTTi ;*

Le Frison, *haiTe ;*

Le Valaque, *TaTul ;*

L'Esclavon, le Russe, le Polonais, le Bohémien, le Dalmate, le Croate, le Vandale, le Bulgare, le Servite, le Carnique, le Lusacien, et autres dérivés de l'ancien Illyrien et de l'ancien Sarmate : *oTTsc*, *oTsche*, *oTshe*, ou par corruption, *oièze*, *woTzo*, *wschzi*, *oTzki*, *wosche*;

Le Sauvage de la Nouvelle Zemble, *oTcze*;

Le Lapon, *aTTi*;

Le Livonien, le Curlandais, le Prussien, le Lithuanien, le Mecklenbourgeois : *TaBas*, *Tewes*, *Tews*, *Thawe*, *Tewe*;

Le Hongrois, *aTyank*, *aTya*;

Les Sauvages du Canada, *aisTan*, *ayTan*, *ouTa*, *aDatti*;

Le Huron, *aihTaha*;

Le Groënlandais, *aTTaTa*;

Le Mexicain, *TaThli*;

Le Brasilien, *TuBa*;

Le Sybérien, *aTaï*;

Le Russe, *oTeTze*, etc.

Je ne serais même point étonné qu'on m'alléguât que la lettre dentale de l'une et de l'autre touche paraît déjà d'un artifice un peu difficile pour ces premiers essais de la parole, et que l'expérience prouve d'ailleurs que les enfans ne l'emploient point successivement, mais simultanément avec les lettres labiales. Il sera aisé de répondre à cette objection, en rappelant simplement que l'articulation de cette lettre nous est apprise, en quelque sorte, dès le premier jour de la vie, puisque la succion du sein de la mère se fait nécessairement avec un petit claquement de la langue contre la partie la plus extérieure du palais, à l'origine des dents, ou plutôt vers la place qu'elles doivent occuper, et que ce bruit ne peut être représenté que par la lettre dentale douce ou forte. Aussi, voit-on que le son *thet* ou *theta*, représenté chez les Grecs par une lettre qui a la forme de la mamelle avec son mamelon, est, dans toute les langues connues, le type ou la racine des signes servant à exprimer les idées qui ont rapport à l'action de teter, comme de ceux qui désignent les premières relations de parenté.

Veut-on s'assurer de l'affinité de la langue puérile et de la langue primitive dans leurs progrès? Que l'on consulte les vocabulaires recueillis par les voyageurs et les missionnaires chez les peuples incivilisés, on verra que presque tous leurs mots sont composés de voyelles et de consonnes des premières touches.

C'est encore guidé par le même principe d'imitation et d'analogie, que l'homme a composé un grand nombre de mots, d'après l'affinité de nature qu'il a cru apercevoir entre le son de certaines lettres et l'esprit de certaines idées. La lettre *h*, par exemple, voyelle indéterminée, ou plutôt signe particulier d'aspiration, qu'on attache quelquefois aux voyelles, fut propre à exprimer imitativement tous les accidens de la respiration humaine; mais en la considérant sous le rapport de son esprit, et en prenant égard à la manière dont elle est formée, qui a quelque chose d'un empressement avide, d'une rapacité impatiente, on la consacra à représenter les idées qui ont rapport à l'action de saisir ou de dérober. La palatale roulante R peignait à l'oreille un bruit méchanique engendré par le mouvement circulaire des corps; et comme on ne peut faire rendre ce son à la touche, par un mouvement simple et indécomposable de la langue, mais seulement par un *frôlement* rapide et prolongé de cet instrument, il est devenu le caractère de tous les signes par lesquels on avait à rendre l'idée de continuité, de répétition, de renouvellement; et cela s'est opéré d'une manière si naturelle, qu'il est commun dans les langues de le voir unir capricieusement et sans règles à toutes les espèces de mots dans lesquels on a besoin d'indiquer la réproduction ou la multiplicité d'action, et que le peuple l'employe tous les jours arbitrairement à cet usage.

« On peut remarquer, dit M. de » Châteaubriand sur ce sujet, que la » première voyelle de l'alphabet se trouve » dans presque tous les mots qui pei» gnent les scènes de la campagne, » comme dans *charrue*, *vache*, *cheval*, » *labourage*, *vallée*, *montagne*, *arbre*, » *pâturage*, *laitage*, etc.; et dans les » épithètes qui ordinairement accom» pagnent ces noms, tels que *pesante*, » *champêtre*, *laborieux*, *grasse*, *agreste*, » *frais*, *délectable*, etc. Cette observa» tion tombe avec la même justesse sur » tous les idiomes connus. La lettre *a* » ayant été découverte la première, » comme étant la première émission na» turelle de la voix, les hommes, alors » pasteurs, l'ont employée dans tous les » mots qui composaient le simple dic-

» tionnaire de leur vie. L'égalité de leurs » mœurs et le peu de variété de leurs » idées, nécessairement teintes des ima- » ges des champs, devaient aussi ra- » peler le retour des mêmes sons dans le » langage. Le son de l'*a* convient au » calme d'un cœur champêtre et à la paix » des tableaux rustiques. L'accent d'une » ame passionnée est aigu, sifflant, pré- » cipité; l'*a* est trop long pour elle : il » faut une bouche pastorale qui puisse » prendre le temps de le prononcer avec » lenteur. Mais toutefois il entre fort » bien encore dans les plaintes, dans les » larmes amoureuses, et dans les naïfs » *hélas* d'un chévrier. Enfin, la nature » fait entendre cette lettre rurale dans » ses bruits, et une oreille attentive peut » la reconnaître diversement accentuée, » dans les murmures de certains om- » brages, comme dans celui du tremble » et du lière, dans la première voix ou » la finale du bêlement des troupeaux,

» et la nuit dans les aboiemens du chien
» rustique. »

L'Onomatopée est d'un grand secours aux poëtes, puisqu'elle est comme l'ame de l'harmonie pittoresque et de la poésie imitative.

Quels qu'ils soient, aux objets conformez votre ton.
Ainsi que par les mots exprimez par le son.
Peignez en vers légers l'amant léger de Flore.
Qu'un doux ruisseau murmure en vers plus doux encore.
Entend-on d'un torrent les ondes bouillonner ?
Le vers tumultueux en roulant doit tonner,
Que d'un pas lent et sourd le bœuf fende la plaine,
Chaque syllabe pèse, et chaque mot se traîne.
Mais si le daim léger bondit, vole et fend l'air,
Le vers vole et le suit aussi prompt que l'éclair.
Ainsi de votre chant la marche cadencée
Imite l'action et note la pensée.

On voit qu'indépendamment des Onomatopées nombreuses qu'a employées le poëte, il a trouvé un autre moyen d'harmonie dans le concours heureux de certains mots choisis, qui sans être imitatifs par eux-mêmes, produisent cependant une imitation parfaite.

Que d'un pas lent et lourd le bœuf fende la plaine.

Ce vers, par exemple, est composé de monosyllabes durs et heurtés qui représentent très-bien la marche du bœuf, et qui la notent exactement à l'oreille.

Tout le monde se rappelle cet admirable passage de Boileau, dans le poëme du *Lutrin* :

Ses ais demi pourris que l'âge a relâchés
Sont à coup de maillet unis et rapprochés.
Sous les coups redoublés tous les bancs retentissent;
Les murs en sont émus, les voûtes en mugissent,
Et l'orgue même en pousse un long gémissement.
Que fais-tu, chantre, hélas! dans ce triste moment?
Tu dors d'un profond somme.

Cet hémistiche ne le cède en rien au *procumbit humi bos* de Virgile.

Ces exemples ne sont pas rares chez les Latins, et sur-tout dans ce dernier poëte. Il n'est personne qui n'ait entendu citer ces vers d'une si riche harmonie :

Tum ferri rigor atque argutæ lamina serræ.

Quadrupedante putrem sonitu quatit ungula campum.

Necdum etiam audierant inflari classica, necdum
Impositos duris crepitare incudibus enses.

Luctantes ventos, tempestatesque sonoras.

Continuò ventis surgentibus, aut freta ponti.
Incipiunt agitata tumescere, et aridus altis
Montibus audiri fragor, aut resonantia longè
Littora misceri, et nemorum increbrescere murmur.

On est même parvenu à exprimer les différentes passions de l'ame, au moyen de la seule prosodie.

Ses gardes affligés
Imitaient son silence autour de lui rangés :
Il suivait tout pensif le chemin de Mycènes,
Sa main sur ses chevaux laissait flotter les rênes;
Ces superbes coursiers qu'on voyait autrefois
Pleins d'une ardeur si noble obéir à sa voix,
L'œil morne maintenant et la tête baissée
Semblaient se conformer à sa triste pensée.

Et dans Virgile :

Extinctum Nymphæ crudeli funere Daphnim
Flebant.

Mais autant ces belles combinaisons sont agréables et ingénieuses, autant est misérable l'abus qu'on en a fait quelquefois, et principalement de nos jours.

Puisqu'on a osé reprocher à Racine un emploi trop recherché de l'Onomatopée dans certains vers d'*Andromaque* et de *Phèdre*, que doit-on penser, en effet, de ces poëmes descriptifs devenus si communs, et qui ne sont, à dire vrai, qu'un entassement laborieux d'expressions étudiées ? Cette affectation est tout-à-fait indigne d'un vrai poëte, et le résultat de tant d'efforts minutieux n'est bon qu'à augmenter le nombre de ces *nugœ difficiles* si méprisées des gens de goût. Il me serait trop aisé de montrer à quel point on a porté récemment ce travers d'esprit, et ce que j'en dirais ne serait peut-être pas sans utilité ; mais qu'il me suffise de rappeler la description de l'alouette, par Dubartas, qui est le prototype de toutes les sottises qu'on a faites dès-lors en ce genre.

Je ferai la même observation sur les mots purement factices que des auteurs peu délicats dans le choix des termes, ont cru pouvoir créer pour exprimer des sons qu'ils ne savaient pas imiter autrement. Si une pareille fantaisie était de nature à devenir contagieuse, la langue serait bientôt inondée d'onomatopées barbares, et n'offrirait plus qu'une suite de cacophonies intolérables. Le vers macaronique, qui peint les éclats de l'escopette, et le *taratantara* d'Ennius sont de cette espèce; mais il n'y a rien de comparable, parmi les abus de l'harmonie imitative et du langage factice, au *breke ke koax* de J.-B. Rousseau. Il est d'ailleurs important de remarquer qu'il n'est donné qu'aux poëtes d'un grand talent d'employer heureusement les effets d'une harmonie rauque et pénible. On ne choque impunément l'oreille, qu'autant qu'il le fallait pour ajouter à la force et à l'éclat de la pensée. Ce sont de ces licences qui veulent être justifiées par le succès, et qu'on ne pardonne qu'en faveur de l'impression qu'elles produisent.

Je parlerai maintenant du plan que je me suis tracé pour la composition de ce Dictionnaire. Mon premier projet était de recueillir les Onomatopées de tous les peuples, et de faire ainsi un espèce de lexicon polyglote de tous les sons naturels qui restent dans les langues, de manière à remonter, en quelque sorte, à une langue commune et primitive, indépendante des conventions particulières, et universellement intelligible. Mais, sans compter les difficultés essentielles que mon impuissance aurait opposées à l'exécution de cet ouvrage, ainsi conçu, et les circonstances qui ont restreint mes recherches, il m'a semblé qu'une énumération raisonnée des Onomatopées françaises remplirait assez bien le dessein le plus important que je me sois proposé, qui est d'épargner un soin incommode et futile, et de présenter, sous un cadre étroit, une série de rapprochemens curieux à ceux que ce genre d'observations intéresse, et qui peuvent en tirer parti pour leurs études.

J'ai cru cependant ne pas devoir négliger les principales Onomatopées que les langues mortes ou étrangères ont consacrées ; mais je ne les ai recueillies qu'autant qu'elles avaient rapport à des Onomatopées françaises, et qu'il résultait de leur analogie une comparaison instructive et piquante.

Je ne me suis point attaché à rassembler tous les mots dont un son naturel a pu être la racine. Je crois ces mots très-nombreux, mais inutiles à mon plan. Je crois même qu'il n'y en presque point qu'on ne dérive au besoin de cette espèce d'origine, soit immédiatement, soit par extension. On pourra voir quelques-unes de leurs immenses générations, dans le systéme de M. Court de Gébelin, systéme spirituel et séduisant, mais encore un peu conjectural, comme tous les systêmes, et dans l'ouvrage non moins docte et non moins ingénieux que prépare un écrivain de l'amitié duquel j'aime à m'honorer, M. David de Saint-Georges. Je répète que si l'avenir me laisse quelques loisirs, et que ce faible essai m'obtienne un seul encouragement de l'indulgence, j'entreprendrai sans doute un jour de jeter quelque lumière sur cette partie importante de la grammaire générale, et d'appliquer d'une manière plus complète ma théorie des étymologies naturelles. En attendant, il n'y aura ici que des Onomatopées incontestables et frappantes, et qu'il sera aisé de ramener à leur racine, sans le secours d'une analyse laborieuse.

Je n'ai pas cherché non plus à rapporter à chaque Onomatopée spécifique toutes les expressions qui en sont composées dans notre langue, et tous les modes qu'elle a subis, si ce n'est quand il a pu sortir de cette aride énumération des observations de quelque intérêt. Ceux à qui ces dérivations ne paraîtraient pas si superflues, les retrouveront sans peine en partant du mot typique.

Enfin, j'ai rangé sous le même titre, et à leur rang alphabétique, un certain nombre d'Onomatopées que notre langue n'a point encore admises, mais qui sont comme naturalisées par l'usage que d'excellens écrivains en ont fait. Les Onomatopées anciennes qui sont tombées en désuétude avec une partie de notre langue, trouveront place dans cet ouvrage toutes les fois qu'elles me sembleront bonnes à conserver, et que je n'en verrai pas l'équivalent dans les vocabulaires modernes; mais pour éviter les méprises qui proviendraient d'une telle confusion, je distinguerai ces deux familles de mots inusités, par l'astérisque en tête de l'article.

Qu'on me permette d'ajouter à ce propos que si la manie du néologisme est extrêmement déplorable pour les lettres, et tend insensiblement à dénaturer les idiomes dans lesquels elle se glisse, il n'en serait pas moins injuste de repousser sous ce prétexte, un grand nombre de ces expressions vives, caractéristiques, indispensables, dont le génie fait de temps en temps présent aux langues. Il n'appartient à personne d'arrêter irrévocablement les limites d'une langue, et de marquer le point où il devient impossible de rien ajouter à ses richesses. Voltaire, pour qui la nôtre était si opulente et si féconde, l'accuse d'être une *gueuse* fière à qui il faut faire l'aumône malgré elle. J'avoue que je me suis souvent étonné de la voir exclure tel mot qu'elle ne peut remplacer que par une périphrase languissante, et le dictionnaire que je soumets au public en renferme quelques-uns de ce genre. C'est une témérité qui avait besoin d'apologie.

Au reste, on insistera moins sur la

reproche qu'elle devrait me mériter, si on daigne se rappeler que la classe de littérature de l'Institut fait espérer un dictionnaire qui ne laissera plus de doute sur la valeur des mots que notre langue a acquis ou qu'elle a tenté de ressusciter dans ces derniers temps. En attendant le monument que cette savante compagnie se propose d'élever, l'homme de lettres peut lui apporter des matériaux, et le Lexicographe peut essayer d'en réunir quelques-uns, en subordonnant son jugement prématuré à celui de ses maîtres.

Je ne finirai point cette préface sans payer de justes tributs de reconnaissance à ceux qui ont bien voulu protéger ou éclairer mes études. Il en est un à qui j'en ai offert les premiers fruits. Il m'est doux de joindre à son nom celui d'un ami que l'élévation de son caractère et de ses talents doit porter à de grandes destinées, sous un gouvernement qui apprécie et qui récompense, M. de Roujoux, sous-préfet de Dôle ; si jamais j'ai osé desirer que cet écrit fût accueilli de quelque estime, c'était pour le voir plus digne d'eux.

AVIS.

Les mots dont il est question dans ce Dictionnaire, n'étant considérés que sous le rapport de leurs sons, on a cru devoir exprimer les Onomatopées hébraïques et grecques, par la simple lettre italique, pour en mettre la lecture à la portée des premières études.

*L'Astérisque * indique les Onomatopées anciennes tombées en désuétude, et les Onomatopées non encore admises, mais employées par quelques bons Ecrivains.*

ONOMATOPÉES FRANÇAISES.

A

* AARBRER. Se cabrer. Terme de Manége, qui se dit des chevaux qui se dressent sur les pieds de derrière quand on leur tire trop la bride.

Ce mot, plus énergique que celui qui nous est resté, et dont la double voyelle rend la construction plus imitative, est depuis long-temps hors d'usage. On le trouve dans le vieux roman de Perceval.

ABOI, ABOIEMENT, ABOIER. En vieux langage, *Abai.*

C'est une des Onomatopées qui expriment le cri du chien. Quelques Étymologistes dérivent ce mot de *ad baubare,* formé de *baubare,* que les Latins ont dit, ainsi que *boare.* Ces mots eux-mêmes sont des Onomatopées.

On peut présumer, au reste, que les Grecs de la colonie de Massilia introduisirent dans les Gaules le mot *bauzein*, moins expressif qu'*aboier*, mais dont celui-ci doit être fait.

Dans les Langues Canadiennes, un chien s'appelle *gagnenou*, autre Onomatopée qui a beaucoup de rapport avec le *canis* des Latins.

ABOIEMENT, est plus d'usage qu'*aboi*, qui ne s'emploie plus guère qu'au figuré. Un de nos poëtes dit cependant en parlant du chien :

De ton champêtre enclos, sentinelle assidue,
A toute heure, en tous sens, il parcourt l'étendue :
Quelquefois en silence, il rôde ; et quelquefois
La forêt s'épouvante au bruit de ses *abois*.

ACHOPPEMENT. Ce mot qui était une Onomatopée faite du bruit d'un corps qui en heurte un autre, ne s'emploie plus au sens propre. On ne s'en sert même que dans cette façon proverbiale de parler : une pierre d'*achoppement*, pour dire, Un obstacle inattendu.

CHOPPER, est presque tout-à-fait hors d'usage.

AFFRES. Il ne se dit guères qu'au pluriel.

C'est un grand effroi, une émotion extrême, causée par quelque terrible vision. L'Onomatopée exprime le frémissement qu'excitent l'épouvante et l'horreur. On a donc eu tort de dériver ce mot du latin *affari* ou du grec *phren* et *afronos*, comme Voltaire, qui regrette d'ailleurs qu'on ne l'emploie pas plus souvent.

Pourquoi ne dirait-on pas les *affres* de la mort que l'Académie autorise? Il n'y a rien qui puisse mieux représenter les frissons de l'agonie. D'*affres*, on a fait

Affreux, qui se dit des objets qu'on ne peut voir sans éprouver un sentiment de crainte ou d'aversion.

AGACEMENT, AGACER. Du son dont on se sert pour irriter ou *agacer* les animaux, ou bien du bruit que produit sous les dents un fruit acide, ou un fruit qui n'est point à sa maturité, et dont l'effet est d'*agacer* les dents.

On a dit assez hardiment, au style figuré, les *agaceries* d'une coquette, des regards, des propos *agaçans*, des manières *agaçantes*.

Ménage a très-bien dérivé ce mot du latin *acaciare*, qui a la même racine. Il aurait pu remonter jusqu'au grec où elle se trouve également. On disait *hegaçç* en celtique.

AGOUTI. C'est un quadrupède des Antilles, qui a beaucoup de rapport avec le lièvre. Son nom est formé d'après son cri qu'on exprime à-peu-près par le mot *couy*. M. de Buffon compare ce cri au grognement du cochon.

Pison et Marcgrave disent qu'au Brésil on appelle cet animal *cotia*. Souchu de Rennefort l'appelle *couti*, dont on a fait *acouti* et *agouti*.

Il est bon de remarquer en passant, sur ce mot, que la plupart des animaux sont caractérisés par l'Onomatopée, et que l'énumération en serait devenue fatigante si je ne m'en étais tenu aux indigènes et à ceux qui sont tellement connus, que leur nom est devenu propre à la Langue. Celui-ci est de cette dernière espèce.

AGRAFFE, AGRAFFER. L'*agraffe* est une espèce de crochet qui sert ordinairement à fixer ensemble les deux côtés d'une robe ou d'un manteau. L'Onomatopée consiste dans l'imitation du bruit produit par le déchirement de l'objet que les pointes de l'*agraffe* saisissent.

Le père Labbe croit qu'*agraffer* a été pris pour *agriffer*. Budée le fait venir du grec *agra*, qui signifie l'action de saisir vivement, et qui a la même racine naturelle. On peut la reconnaître encore dans le verbe hébreu *garah* ou *garaph* que Saint Jérôme exprime par le mot *arripere*, au cinquième chapitre des Juges.

RAFLER, mot ignoble de notre Langue, se rapporte à ceux-ci par le sens et par le son. Les vieux Dictionnaires disent aussi *riffler*.

* RAFLE OU RAPHE, qui n'est plus français, est un mot ancien de la même famille. Nicod rapporte ces paroles de Nicole Gilles en la vie de Dagobert : « Notre Seigneur » Jésus-Christ, afin qu'ils l'en voulsissent » croire, s'approcha du ladre, et lui passa » la main par-dessus le visage, et lui osta » une *raphe* de la maladie de lèpre qu'il » avoit au visage, si que la face lui de- » meura belle, claire et nette, et le resti- » tua en santé. Laquelle *raphe* est encore » gardée en un reliquaire en ladite église » Saint-Denys ». Par lequel mot, ajoute Nicod, il semble vouloir dire une poingnée, un plein poing. « Car on dit *rapher*

» quand au jeu de dez qu'on appelle la » *raphe*, ayant gaigné, on prend hastivement ou bien plustost rapidement la » mise qui est sur le jeu. Ce qu'on dit » aussi *raphler* ou *rafler*, et par métaphore, *rafler* tout, quand on prend rapidement tout ce qu'on trouve en un » lieu ».

Dans le vieux langage, *raphe* signifiait encore la poignée, le manche d'un outil, l'endroit par où on le saisissait.

AGRIPPER. Du bruit que produit le frottement des griffes ou des mains contre les corps dont elles s'emparent. *Voyez* GRIFFE et AGRAFFE.

GRAPPILLER, est peut-être un diminutif de ce verbe, et de là on aurait fait

GRAPPE, un fruit sujet à être *grappillé*,

GRAPPILLEUR, celui qui *grappille*,

GRAPPILLON, ce que l'on rejette d'une *grappe*,

GRAPPE, instrument de Menuiserie qui présente plusieurs pointes propres à saisir ou *agripper* le bois,

GRAPPIN, instrument de fer dont on se sert pour accrocher un vaisseau, soit pour l'aborder, soit pour y attacher un brûlot.

Je n'ai pas besoin de faire observer que

presque tous ces mots sont du style le plus bas.

Gravir, s'aider avec les ongles dans les anfractuosités d'un chemin raboteux.

Gravier, le sable qui se détache sous les ongles d'un homme qui *gravit.*

Grimper, *gravir* difficilement une route roide et montueuse, me paraissent autant d'Onomatopées qui se rapportent à la même racine, et que je rassemble autour d'elle pour mettre ici autant d'ordre que la méthode alphabétique en permet. Ce qui rend cette analogie plus sensible, c'est que le peuple emploie bassement le mot *grappiller* au sens de *gravir* dans un grand nombre de provinces, et que *gravir* s'est même dit *grapir* en français, selon Borel.

Nicod rapporte *grip*, qui se disait autrefois en style trivial pour piraterie et rapine. Les Grecs avaient construit beaucoup de mots sur le même son et d'après le même esprit; *gripos*, qui étoit un filet à prendre du poisson; *gripeus*, le preneur de poissons; *grupès*, l'ancre du navire, et le *grappin* dont on saisissait un navire ennemi; *grupaï*, les aires des vautours et des oiseaux carnassiers.

Nos vieux Écrivains ont employé plus communément encore *grippe*, qui signifiait vol et filouterie.

> Je sais bien tous les biais
> Desquels on se sert pour la *grippe*,

dit Chevalier dans la *désolation des filous*. Cholières, tome II de ses Contes, applique *gripperie* au même usage.

La *grupée*, c'était le produit, le revenant bon de la *grippe*. On dit dans la *comédie de la Passion* :

> Pour mettre mignons en alaine,
> Voici fine espice sucrée,
> Et tel y laissera la laine
> Qui n'en aura jà la *grupée*.

On a dit aussi *gruper* pour, agraffer, et plus souvent pour *agripper* ou saisir avec les griffes. « Qui sait, dit Rabelais, » s'ils useroient de qui pro quo, et en » lieu de rominagrobis *grupperoient* pao- » vre Panurge ? »

Les Bretons ont *krapa*, *krafa*, *gripper*, *grimper*, égratigner ; *kraf*, égratignure ; *craban*, griffe ; *crib*, peigne ; *criba*, peigner ; *cribin*, peigne de fer ; *crabb*, cancre, écrevisse, qui s'est conservé dans le français. *Craff* est le nom gallois du *grappin*, du harpon des mariniers.

* AHALER. Pousser l'haleine au dehors. Quelques Écrivains ont dit *adhaler*. Ce mot très-expressif a un autre sens qu'*exhaler*, et n'a point d'équivalent en français. *Haleter* donne l'idée d'une respiration forte et pressée. C'est l'*anhelare* des Latins qui avaient aussi *halare* et *halitus*.

Il semble que l'hiatus considérable qu'on remarque dans l'expression proposée, lui donne quelque chose de pittoresque qui n'est pas dans cette dernière Langue.

AHAN, AHANER. Ahan représente un grand effort qui ôte presque la faculté de respirer. C'est l'expression du bucheron, des manœuvres pour reprendre leur souffle, et se donner la force nécessaire pour bien porter leur coup. De là on a fait *ahaner*, travailler avec peine, avec *ahan*, comme dans ces vers de Dubellay :

De votre doulce haleine
Esventez cette plaine,
Esventez ce séjour,
Cependant que j'*ahane*
A mon blé que je vanne
En la chaleur du jour.

Ahaner un champ, s'est dit par extension pour, Cultiver une terre difficile.

Ahan, est passé au style figuré pour exprimer de pénibles travaux d'esprit, et l'agitation d'un homme qui a de la peine à se résoudre à quelque chose.

On a fait venir ce mot du grec *ao* et du latin *anhelare*. C'est l'opinion de du Cange. Ménage en a cherché l'étymologie dans l'italien *affanno*, peine, douleur. On aurait pu le retrouver tout entier dans le dictionnaire des Caraïbes et dans beaucoup d'autres, puisqu'il est tiré du dictionnaire de la Nature. C'est la plus évidente des Onomatopées. Pasquier et Nicod ne s'y sont pas mépris.

Dans des lettres de rémission de l'an 1375, on trouve : « Après ce que ledit
» Jehan fut deschaucié, entra ondit gué,
» et tant se y efforça pour mettre hors
» laditte charrette, que il entra en fièvre
» en icelui gué, pour le grant *ahan* que
» il avoit eu ».

On ne se sert plus de ce mot qui était très-familier à nos anciens Écrivains. Rabelais, Montaigne, Amyot l'ont singulièrement affectionné. Il est encore dans

Costar. Jupiter, dit-il, en sua d'*ahan*.

AÏ. C'est le quadrupède, autrement nommé le *Paresseux*, qui est un des *anthropomorphes* de Linné.

Il articule les syllabes dont on a formé son nom avec des modulations si justes, que cela a donné lieu à Clusius de dire très-ridiculement que c'était le *Paresseux* qui avait inventé la musique. Il aurait pu d'ailleurs appuyer cette bizarre présomption d'une analogie curieuse de la Langue grecque ou *aïo* s'est dit quelquefois pour *cano*, et il faut observer que ce mot est passé dans la Langue latine avec le sens de *loquor*. Il n'appartenait qu'à ces peuples d'harmonieux langage d'attacher la même expression aux idées de chant et de parole.

AME. Le principe de la vie dans l'homme et dans les animaux.

L'opinion qui range ce mot au nombre des Onomatopées, repose sur une théorie bizarre et curieuse. La lettre labiale *M* est une consonne qui résulte, comme on le sait, de la jonction des lèvres, en sorte que la bouche très-ouverte doit produire en se fermant le son composé *am* : savoir, la voyelle par le moyen du souffle émis dans le moment où l'organe est ouvert, et la consonne par le contact des deux parties de la touche, dans le moment où l'organe se resserre. C'est ce qu'on appelle rendre l'*ame*, car telle est la figure de l'expiration de l'homme, et l'esprit de cette racine.

Au contraire, pour prononcer *M* initiale suivie d'une voyelle, il faut que les deux parties de la touche labiale agissent mutuellement l'une sur l'autre, et se séparent pour l'émission du bruit vocal qui succède au bruit consonnant. Ainsi se prononcera *ma*, qui est une racine dont l'esprit est diamétralement opposé à celui de la précédente, puisqu'au lieu d'exprimer le dernier acte physique de l'homme, elle exprime, par la figure et par le son, le premier acte, et, en quelque sorte, la prise de possession de la vie.

Cette racine *ma* seroit donc la désignation nécessaire de l'existence *matérielle*, comme cette racine *am* de l'existence spirituelle. La première appartiendra aux idées purement corporelles; la seconde aux idées morales, à celles des principes *animans*, de l'*amour*, de l'*amitié*, de toutes les affections.

En appuyant la racine *ma* sur la touche dentale, on en fera *mat*, qui est le son typique du nom de la mort dans la plus grande partie des Langues premières.

En la nazalant, on en fera *man*, qui est le signe presque universel du nom de l'homme.

Je donne, au reste, ces hypothèses comme plus ingénieuses que probables, et M. Court de Gébelin, qui les a suggérées, se livre trop souvent et avec trop d'abandon à son imagination, pour être toujours un guide sûr.

Ce qu'il y a de certain, c'est que les différens noms de l'ame chez presque tous les peuples, sont autant de modifications du souffle et d'Onomatopées de la respiration, diversement modulées. Tels sont le *Psyché* des Grecs, le *Seele* des Allemands, le *Soul* des Anglais, l'*ayre* des Espagnols, l'*alma* et le *fiato* des Italiens. Il serait, à la vérité, difficile d'en dire autant de l'*anima* des Latins, dont le mot *ame* est une contraction évidente.

ANCHE. Partie d'un instrument à vent, faite

de deux pièces de canne, jointes de si près, qu'elles ne laissent qu'un espace très-resserré pour le souffle ; ce qui a fait penser à de savans Étymologistes que ce mot venait du celtique *anc*, étroit, resserré, affilé. Il paraît plus vraisemblable qu'il a été formé par Onomatopée ; et ce qui me porte à le croire, c'est que je trouve une Onomatopée grecque absolument semblable à celle-ci, qui exprime l'idée que nous rendons par notre verbe *suffoquer*. L'air étouffé dans l'étroit canal de l'*anche*, séparé de l'instrument auquel elle appartient, imite très-bien le gémissement aigu et forcé d'un homme qui suffoque. De là, la conformité de ces deux Onomatopées.

ASTHME. L'*asthme* est une infirmité qui consiste dans une grande difficulté de respirer dans de certains temps. Cette Onomatopée imite le bruit de la respiration brusquement interrompue. Elle nous vient immédiatement, et sans changement, d'une Onomatopée grecque qui représente la même chose.

B

BABIL, BABILLARD, BABILLER. *Babil*, abondance de paroles sur des choses inutiles, manie importune de parler continuellement.

De la lettre *b* qui résulte de la simple disjonction des lèvres, et qui est la première que les enfans combinent avec les sons vocaux. Aussi est-elle la première consonne de tous les alphabets.

Nicod dérive ce mot de *Babel*, à cause de la confusion des Langues qui y eut lieu. Ménage le fait venir de *bambinare*, qui a été fait de *bambino*, diminutif de *bambo*, transféré selon lui dans l'italien du syriaque *babion*, qui signifie *enfant*. De la même racine, nous avons créé

Babiole, une chose de peu de conséquence, une bagatelle qui ne peut occuper que des enfans;

Babouin, Bambin, un petit enfant qui articule à peine; en gallois *bach*, d'où vient le nom de *Bacchus* qu'on représente ordinairement comme un enfant gros et joufflu;

BAMBOCHE, un enfant grotesque et contrefait, une marionnette ridicule;

BAMBOCHADE, un genre de Peinture qui ne s'exerce que sur des formes triviales, sur des marionnettes et des *bambins*.

Ménage aurait trouvé d'ailleurs une étymologie plus exacte et plus naturelle encore dans le grec, où l'on dit *bao*, *babazo*, *babalo* et *bambaino* pour *loquor*. Mais le fait est que tous ces mots et leur immense famille sont composés d'après le son naturel.

Baba, *babe*, en arabe, signifient *bouche*, ouverture; *be* a le même sens en Langue celtique. Dans la même Langue, *enfant* se dit *map*, *vap*, *mab*, *vab*, et avec le diminutif, *babic*, *un petit enfant*.

On dit dans le latin *garrulitas*, *garrulus*, *garrire*, autres Onomatopées; dans l'italien, *garrire*, *cicalare*, *ciarlare* et *ciachierare*; dans l'espagnol, *babillar*, *charlar*, *chicarrar*.

Amyot a dit *rebabiller*. « Si un *babil-*
» *lard* escoute un peu, ce n'est que comme
» un reflux de *babil* qui prend haleine
» pour *rebabiller* puis après encore davan-
» tage ».

Madame Pernelle dit dans le *Tartuffe* :

> C'est véritablement la tour de Babylone,
> Car chacun y *babille* et tout du long de l'aune.

Voilà l'étymologie de Nicod consacrée par deux vers de Molière.

BÂILLEMENT, BÂILLER. De l'action d'ouvrir involontairement la bouche dans le sommeil ou dans l'ennui.

Observez que la première syllabe de ce mot est longue, et qu'autrefois on disait *baailler* et *baaillement*, ce qui donnait plus d'expression à l'Onomatopée.

En latin, *hiare, hiatus;* en italien, *sbàdigliare*, *sbadigliamento*.

BÉER, ou plutôt, BAYER, mot fait pour peindre une curiosité vaine et un peu niaise, qui se manifeste par la même émission vocale et par la même figuration de la bouche, appartiennent à la même racine. *Bayer aux corneilles,* est une expression proverbiale assez en usage dans notre langue. On lit dans un de nos plus anciens dictionnaires : *bayer* à la mamelle, *appetere mammam*. « C'est proprement ouvrir la bouche, mais parce que quand plusieurs regardent par grande affection

» quelque chose, ils ouvrent la bouche ;
» de là est que *bayer* signifie aucunes fois
» autant que regarder ».

BAH, est un mot factice ou artificiel qui échappe aux gens étonnés. De là

BADAUD, homme simple et sans expérience, qui s'étonne de tout,

S'ÉBAHIR, ÊTRE ÉBAHI, termes attachés au même sens. S'il est vrai qu'ils remontent à l'hébreu *Schebasch*, comme l'ont prétendu les Etymologistes, c'est que celui-ci a été fait sur le son commun, et n'a pas d'autre type naturel.

BARBOTER. Ce mot, dit Ménage, est formé du bruit que font les cannes quand elles cherchent dans la boue de quoi manger, et on appelle de là *barboteur*, un canard privé. *Barboter* en cette signification semble être une Onomatopée.

Baret. On emploie presqu'indistinctement *baret*, *barret*, ou *barri*. C'est le cri de l'éléphant. On appelait autrefois l'éléphant *barre* aux Indes orientales. En latin, on l'appelle *barrus*, et son cri *barritus*.

Nous avons perdu ce mot.

BEFFROI. Espèce de tocsin. « Quasi *bée*
» *effroi*, dit Nicod, car il est expressé-

» ment fait pour *béer* et regarder, ou » faire le guet en temps soupçonneux, et » pour sonner à l'*effroi* ».

Il est à remarquer cependant qu'un instrument d'airain creux et sonore s'appelait *bel* en breton, et que de là peuvent venir l'anglais *belfry* et le français *beffroi*.

BÈLEMENT, BÊLER. On disait beaucoup mieux autrefois *béellement*, *béeller*. Onomatopée du cri du mouton. Elle est parfaitement naturelle, et Pasquier la préfère avec raison au *balare* des Latins.

BÉGAYEMENT, BÉGAYER, ont été pris de la même racine, parce que le défaut de prononciation que ces mots désignent consiste à répéter souvent le même son avec des inflexions tremblantes, comme les animaux *bêlans*.

BELIER. Le nom de cet animal est certainement formé d'après son cri, d'après son *bêlement*. Il est donc ridicule de l'avoir cherché dans *vellus* qui signifie *toison*; dans *bahal*, hebreu, qui est notre mot *Seigneur* ou *chef*, parce que le *belier* est le maître du troupeau.

Le *beler*, colonel de la laineuse troupe,

dit Ronsard ; et dans *Jobel,* autre terme de la même langue, qui était un des noms de ce quadrupède.

Belin, est l'ancien nom du *belier.* On le dit encore en certains lieux, des agneaux, et il s'est conservé long-tems au figuré où il signifiait *doucereux*. C'est un nom d'amitié, que l'on donne aux enfans, mon *belin*, ma *beline ;* on a employé *beliner, faire le doucereux*, dans quelques occasions, et Rabelais l'a étendu à des acceptions très-variées. Il est absolument hors d'usage.

BEUGLEMENT, BEUGLER. Cri du taureau, du *bœuf,* de la vache, mugir comme les taureaux.

Ménage dérive ce mot de *baculare*, *à bacula ;* mais c'est une Onomatopée qui est également dans le latin *boare*, d'où *bos* a été tiré.

BŒUF, est le nom d'un animal qui *beugle.*

BOA, est celui d'un serpent énorme dont le cri ressemble au *beuglement* des taureaux.

MEUGLEMENT, MEUGLER, qui se prononcent sur la même touche avec une bien légère modification, s'emploient indistinctement. On a même dit *muglement* en vieux langage, comme dans ce passage d'Amadis : « La blanche biche qui en la forest » craintive eslevoit ses *muglements* contre » le ciel, sera retirée et rappellée ».

BIBERON. Homme qui aime à boire, qui boit avec excès.

Du bruit que fait le vin en coulant goutte à goutte. Le *bibax* et sur-tout le *bibulus* des Latins, représentent bien cette expression. Ces mots dérivaient de leur *bibere*, qui était aussi fort imitatif, et dont nous avons dégradé la valeur en le contractant dans le mot *boire*. Leur joli mot *bilbire* était de la même famille.

En celtique, le mot *boire* se rend par *ef*, *ev*, Onomatopées du bruit que fait la bouche en aspirant un liquide. C'est de là que vient probablement le verbe *avaler*.

C'est une idée d'une hardiesse bien plaisante et bien ridicule, que celle de ce savant d'ailleurs estimable, qui explique le nom d'*Eve* par ce petit verbe de la Langue celtique, et qui se sert de ce rapprochement pour prouver que cette Langue est la première que les hommes aient parlée.

BIFFER. Effacer une écriture en passant la plume dessus.

Un habile Etymologiste regarde ce mot comme pris de *buffare*, souffler, qui est une Onomatopée latine : ainsi, *biffer* signifierait, détruire un objet, et le faire disparaître, comme en soufflant dessus. Sans aller en fixer si loin l'origine, on l'aurait trouvée dans le bruit que fait une plume passée brusquement sur le papier. Cette conjecture est d'autant plus vraisemblable, que le mot *biffer* n'a point d'analogie de consonnance avec les mots anciens qui ont été attachés à une idée de même espèce, et peut passer pour une Onomatopée très moderne.

BOMBE. Ce mot dérive du bruit de la *bombe* qui éclate.

Il était au moins inutile d'en chercher ailleurs l'étymologie, et de la dériver, soit de *Lombardie*, parce qu'on croit qu'elle y a été inventée, soit de *bomba* dont quelques Auteurs ont usé pour parler de certaines coquilles qui servaient de trompettes, ou de *bombus* qui exprime le bruit du même instrument, ou de l'allemand *bomber* qui signifiait *baliste*. Il est étonnant qu'on ne l'ait pas fait remonter aussi aux belles Onomatopées italienne et espagnole, *rimbomba* et *zumbido* avec lesquelles il a tout autant de rapport ; mais le fait est qu'on devait le chercher, aussi bien que ses différens analogues, dans le son naturel qui les a tous produits.

BOND, BONDIR, BONDISSEMENT. L'Onomatopée est prise du retentissement de la terre sous un corps dur qui la frappe, et se relève aussitôt.

Le mot *bondir* revient au *subsilire* des Latins qui est moins imitatif.

BORBORIGME. On dit aussi *borborisme*. Bruit de l'air contenu dans les intestins.

BOUC. La grande conformité des différens noms de cet animal dans presque toutes les Langues, prouve qu'ils ont dû avoir une racine commune et naturelle. C'est l'imitation de son cri. Les Grecs qui l'appelaient communément *tragon*, l'ont aussi nommé *bekkos*. Ménage dit que *buccus* se trouve dans la loi salique, et *bouch* dans le Celtique. En Langue franque, c'est *buk*, en allemand, *bock*, en italien, *becco*.

BOUFFÉE, BOUFFI. « Ces mots, suivant » Nicod, sont par raison d'Onomatopée,

» et représentent tant le son du vent qui » vient à *bouffées*, que de la flamme » *bouffant*, ainsi que de la bouche de » l'homme quand il *bouffe*, c'est-à-dire, » souffle ou le feu, ou la poudre, ou » autre chose ».

OUF, est le son radical converti en interjection pour exprimer l'émission de l'air, poussé par un homme essoufflé. Les Latins en avaient fait *buffare* ou *bouffare*, que nous avons fidèlement transporté en notre langue dans le vieux verbe *bouffer*.

Buffe, se dit fort anciennement pour un soufflet, pour un coup sur les joues, comme en ce passage de Marot :

> Vien donc, déclare toy
> Qui de *buffes* renverses
> Mes ennemis mordans,
> Et qui leur moult les dents
> En leurs gueules perverses.

Et observez que *buffe* et soufflet ont été faits analogiquement, et d'après le même principe, parce que la joue frappée paraît souffler ou *bouffer* sous la main qui la comprime.

On a employé *buffoi* au figuré, pour orgueil et présomption ; et en perdant l'expression, nous avons conservé la métaphore. *Bouffi* de vanité, est une figure d'un usage très-commun.

Bouffon, doit se rapporter à la même racine, suivant Ménage, qui, d'après Saumaise, le dérive du *bocca infiata* des Italiens. Ils appellent encore *buffo magro*, un maigre *bouffon*, le mauvais plaisant qui ne les fait pas rire; soit, comme le dit Voltaire, qu'on veuille dans un *bouffon* un visage rond et une joue rebondie; soit que cette *bouffissure* des joues, qui est une des *bouffonneries* les plus triviales des plus grossiers saltinbanques, ait déterminé leur nom générique. Il serait tout au moins difficile d'en donner une autre explication.

BOUILLIR, BOUILLONNEMENT, BOUILLONNER.

Bouillie, Bouillon, choses que l'on fait *bouillir*. Ces mots viennent du bruit que fait un liquide échauffé à certain degré. Dans le verbe *bouillir*, le son radical pur a été conservé aux trois personnes du singulier de l'indicatif présent.

Ceux à qui la chaleur ne *bout* plus dans les veines
En vain dans les combats ont des soins diligens;

Mars est comme l'Amour. Ses travaux et ses peines
Veulent de jeunes gens.

MALHERBE.

BULLE, mot par lequel on désigne ces petites éminences qui s'élèvent sur l'eau *bouillante*,

BOULE, qui en est une espèce d'homonyme, étendu à des acceptions plus générales,

BOUTON, autre terme qui, dans toutes ses acceptions, signifie une éminence ou un corps de la même forme, n'ont probablement pas d'autre étymologie. Le peuple, si riche en expressions pittoresques, se sert du verbe *boutonner* pour déterminer le premier degré de l'*ébullition*.

M. Court de Gébelin s'est donc certainement trompé en derivant toute cette famille de mots du Celtique *bal*, qui signifierait *œil*, et par une extension d'ailleurs très-forcée, suivant l'usage de cet érudit, tous les objets ronds ou roulans. Il est faux qu'*œil* se dise en Celtique autrement que *lagad*; les deux yeux, *daou lagad*. L'auteur du *monde primitif* a pris cette fausse interprétation dans Bullet et dans tel autre lexicographe, qui ont confondu le Basque et le Celtique, et y ont mêlé, en outre, une foule de mots qui n'ont jamais fait partie de ces deux langues.

BOURDON, BOURDONNEMENT, BOURDONNER.

« BOURDON, dit Nicod, est une espèce de » grosse mouche, tavelée comme mouche » à miel, n'ayant point de picquon ou » aiguillon, plus grosse de corsage que » la mouche à miel nommée abeille, et » ne fait ni ne sert à faire le miel ni la » cire; ains dévore l'aliment et la pro- » vision que les mouches à miel se sont » pourchassé, seulement de sa chaleur » conserve les petits abeillons, qui est la » cause que Virgile, au quatrième des » Géorgiques, l'appelle *ignavum pecus*, » fainéant et coüard. Pline, en son livre » onzième, leur attribue partie de l'opi- » fice des mouches à miel, ce que Varron » son devancier ne fait pas, *fucus*. Le » Français lui a donné ce nom par Ono- » matopée, à cause du bruit qu'il fait » quand il volète. »

Boud a signifié le *bourdonnement* du frélon, dans la Langue Celtique.

BOURDON, cloche très-sonore qui produit un bruit de même genre que celui dont il est question dans cet article, a été ainsi nommée par analogie.

Bourder est un vieux mot très-précieux qui voulait dire *rester court en chaire*, parce que le prédicateur, en cet état, ne forme plus qu'un murmure et un *bourdonnement* confus. Il est à regretter que cette expression soit perdue.

BOURDE, chose vague et confuse, mensonge qu'on articule à demi, en est clairement dérivé. On a pu dire allusivement qu'un menteur pris sur le fait, se tire d'affaire, en murmurant des mots sans suite, comme un prédicateur qui a perdu le fil de son sermon. Regnier se sert de ce terme dans cette hypothèse même :

Ils bâillent pour raison des chansons et des *bourdes*.

BRAIRE. « L'âne *brait*, dit M. de Buffon, » ce qui se fait par un grand cri, très- » long, très-désagréable, et discordant » par dissonances alternatives de l'aigu » au grave, et du grave à l'aigu. Ordi- » nairement, il ne crie que lorsqu'il est » pressé d'amour ou d'appétit. L'ânesse » a la voix plus aigre et plus perçante. » L'âne qu'on fait hongre, ne *brait* qu'à

» basse voix, et quoiqu'il paraisse faire » autant d'efforts et les mêmes mouve- » mens de la gorge, son cri ne se fait pas » entendre de loin. »

BRAMER. Ce mot se dit du cerf en certaines occasions, et en général de tous les animaux qui crient fortement. Il s'est même employé en vieux langage, pour exprimer le cri de l'homme, comme dans ces vers, attribués à Clotilde de Surville :

Tant de loin que de près n'est laide
La mort. La clamoit à son ayde
Tojorz un povre bosquillon
Que n'ôt chevance ne sillon.
. . . .
Tant *brama*, qu'advint....

Court de Gébelin et Voltaire prétendent que *bram* signifiait *un grand cri* en Langue Gothique. Cette racine, commune dans les Langues, se retrouve d'ailleurs toute entière dans le Grec.

Si l'on veut s'assurer, au reste, que l'Onomatopée n'est nulle part plus fréquente que dans les idiomes qui se rapprochent des temps primitifs, que l'on consulte Voltaire au même lieu, dans ses fragmens sur la Langue Française. Les mots que cet auteur, toutefois peu versé dans le mécanisme de la Langue qu'il a enrichie de tant de chef-d'œuvres, les mots, dis-je, qu'il fait dériver du Celte, sont autant d'Onomatopées.

BRAILLER, terme populaire qui ne se prend qu'en mauvaise part, et dans l'usage le plus trivial, a évidemment le même type.

BREDOUILLER. Parler confusément et articuler avec peine.

Bredi-breda est une locution basse et factice qui exprime l'espèce de *bredouillage* d'une personne très-loquace, qui articule difficilement. Ce mot ne se trouve que dans Poisson, et quelques auteurs du même ordre.

BROUHAHA. Bruit confus d'applaudissemens qu'on entend dans les spectacles, et dans les lieux d'assemblée où l'on récite des ouvrages d'esprit. C'est une contraction de *bruit de haha*, prononcé *brouit de haha* dans le vieux langage.

BROUTER. Du bruit que font les animaux en brisant les plantes près de leur racine, et en les arrachant avec les dents.

Il y a un exemple de l'harmonie pittoresque de ce mot, dans une des plus jolies fables de la Fontaine, *le chat, la belette et le petit lapin.*

Du palais d'un jeune lapin
Dame belette, un beau matin,
S'empara : c'est une rusée.
Le maître étant absent, ce lui fut chose aisée.
Elle porta chez lui ses pénates, un jour
Qu'il était allé faire à l'aurore sa cour
Parmi le thym et la rosée.
Après qu'il eut *brouté*, trotté, fait tous ses tours,
Jeannot Lapin retourne aux souterrains séjours.

Voici le même mot employé dans la prose, avec un effet d'harmonie imitative aussi vrai que celui qu'on vient de remarquer. Ce passage est de M. de Châteaubriand, un des Écrivains dont notre siècle a le plus à se glorifier ; et je rapporte cet exemple avec d'autant plus d'empressement, que je n'en connais point de si riche en Onomatopées :

« Si tout est silence et repos dans les
» savanes de l'autre côté du fleuve, tout
» ici au contraire est mouvement et mur-
» mure : des coups de bec contre le tronc
» des chênes, des froissemens d'animaux
» qui marchent, *broutent* ou broyent
» entre leurs dents les noyaux des fruits ;

» des bruissemens d'ondes, de faibles » gémissemens, de sourds meuglemens, » de doux roucoulemens, remplissent ces » déserts d'une tendre et sauvage har- » monie. »

BROYEMENT, BROYER. Ces mots sont faits du bruit d'une substance un peu récalcitrante, brisée entre deux corps durs. C'est ce qu'expriment aussi bien le *sfratumare* des Italiens, et le *quebrar* des Espagnols.

BRUIRE, BRUISSEMENT, BRUIT. Ces mots *bruire* et *bruissement*, qu'on a affecté de négliger je ne sais pourquoi, présentent une des belles Onomatopées de la Langue. Ils donnent l'idée d'un *bruit* vague, sourd et confus, comme celui qui s'élève d'une forêt ébranlée par des vents impétueux, ou qui résulte du fracas des torrens et de l'écoulement des grandes eaux; en général, ils sont graves et solennels, et ont un caractère particulier d'imitation qu'on ne trouve pas dans leurs analogues.

Un auteur déjà classique, et qu'on peut appeler le Racine de la prose, a prouvé, par l'emploi qu'il a fait de certains temps du verbe *bruire*, qu'il serait d'une injuste délicatesse de le réduire à l'infinitif, comme quelques Grammairiens y avaient paru disposés.

« La lune, dit M. Bernardin de Saint-
» Pierre, paraissait au milieu du firma-
» ment, entourée d'un rideau de nuages
» que ses rayons dissipaient par degrés.
» Sa lumière se répandait insensiblement
» sur les montagnes de l'île, et sur leurs
» pitons qui brillaient d'un vert argenté;
» les vents retenaient leurs haleines. On
» entendait dans les bois, au fond des
» vallées, au haut des rochers, de petits
» cris, de doux murmures d'oiseaux qui
» se caressaient dans leurs nids, réjouis
» par la clarté de la nuit et la tranquil-
» lité de l'air. Tous, jusqu'aux insectes,
» *bruissaient* sous l'herbe. »

La Bruyère a dit aussi *brouissement*.

« Une femme entend-elle le *brouisse-*
» *ment* d'un carosse qui s'arrête à sa porte,
» elle prépare toute sa complaisance pour
» quiconque est dedans, sans le con-
» naître ».

Cette licence est heureuse dans cette occassion, parce qu'elle caractérise très-bien l'espèce de *bruissement* dont il s'agit.

BRUYÈRE. Il est probable que le nom de cette plante, dont les tiges souples, grêles et ligneuses, *bruissent* au moindre vent, est tiré du même son radical que les mots précédens. L'étymologie que je donne de ce mot n'est d'ailleurs qu'une conjecture, aussi plausible toutefois que celle qui le tire du latin *uro*, parce qu'on brûle les *bruyères* pour les défricher, et rendre l'emplacement où elles croissaient susceptible de culture : c'est l'opinion de Borel.

C

CAHOT, CAHOTER. De la secousse qu'on éprouve dans une voiture mal suspendue qui roule sur un chemin âpre et raboteux, et de l'effort qu'on fait pour reprendre la respiration durement interrompue.

Les Latins on dit *succussus*, qu'ils prononçaient *soucoussous*, et qui rendait la même idée.

CAILLE. « Le mâle et la femelle, dit Buffon, » ont chacun deux cris, l'un plus éclatant » et plus fort, l'autre plus faible. Le mâle » fait *ouan*, *ouan*, *ouàn*, *ouan*; il ne

» donne sa voix sonore que lorsqu'il est » éloigné des femelles, et il ne la fait jamais entendre en cage, pour peu qu'il » ait une compagne avec lui : la femelle » a un cri que tout le monde connaît, qui » ne lui sert que pour rappeler son mâle; » et quoique ce cri soit faible, et que nous » ne puissions l'entendre que d'une petite distance, les mâles y accourent de » près d'une demi-lieue; elle a aussi un » petit son tremblotant *cri cri.* Le mâle » est plus ardent que la femelle, car celle-» ci ne court point à la voix du mâle, » comme le mâle accourt à la voix de la » femelle dans le temps de l'amour, et souvent avec une telle précipitation, un » tel abandon de lui-même, qu'il vient la » chercher jusques dans la main de l'oiseleur ».

C'est de ce cri, que Buffon dit connu de tout le monde, et qu'un autre Ornithologiste a exprimé par les mots factices *caille caillette*, qu'est venu le nom de la *caille* dans notre Langue et dans la plupart des autres. En effet, on a dit *kakkaba* en grec, *qualea* dans la basse latinité, *cuaderviz* en espagnol, excellente Onomatopée dont les deux dernières syllabes doivent se prononcer très-brèves, *quaglia*, en italien, *quaïl*, en anglais, *wachtel*, en allemand; et ce son imitatif se retrouve jusque dans l'hébreu *saly* ou *xaly*.

De ce nom l'on a fait

CAILLETAGE, babillage insupportable et continuel comme celui de la *caille*,

CAILLETTE, femme frivole et babillarde,

CAILLETER, l'action de parler sans cesse, et à propos de toute chose, expressions que la Langue française a repoussées jusqu'ici, et qui ne sont d'usage que dans le style familier.

Rousseau a dit cependant, en parlant de madame de Warens : « La vie uniforme » et simple des Religieuses, leur petit » *cailletage* de parloir, tout cela ne pou- » vait flatter un esprit toujours en mou- » vement, qui formant chaque jour de » nouveaux systèmes, avait besoin de » liberté pour s'y livrer ».

CANARD. Du son *can can*, souvent répété, qui est le cri de cet animal, plutôt que d'*anas*, probablement *à natando*, qui est son nom latin. Mon opinion est du moins conforme en ce point à celles de quelques

Auteurs, et entr'autres à celle de l'ornithologiste Martinet, qui remarque fort judicieusement qu'il est du genie de notre Langue de terminer par cette syllabe ouverte et éclatante, *ard*, les mots qui désignent un parleur impitoyable et fatigant, comme *bavard* et *babillard*.

Les Allemands ont représenté par une autre Onomatopée le cri rauque, âpre, et enroué du *canard*. Ils l'ont appelé *racha* et *rachtscha*.

Can Can, mot factice tiré du cri du *canard*, a été appliqué par extension aux bruits tumultueux qui s'élèvent dans une assemblée nombreuse où l'on ne s'accorde pas, et où l'on traite des affaires de peu d'importance. Ce n'est pas le sentiment de l'Académie qui l'écrit *quanquan*, et qui pense qu'on l'a appliqué aux discussions orageuses sur des choses futiles, par allusion aux horribles disputes que causa au seizième siècle la prononciation du mot *quamquam*, et qui coûtèrent peut-être la vie à Ramus. Quelqu'égard qu'on doive cependant aux décisions de ce corps savant, j'ai cru pouvoir persister dans mon opinion qui me semble mieux fondée, et que je partage d'ailleurs avec le plus grand nombre des Etymologistes.

CAQUET, CAQUETER. Ces mots se disent au propre, du bruit que font les poules quand elles sont prêtes à pondre, et au figuré, du babillage des personnes qui *caquettent* comme les poules Cette Onomatopée se retrouve très-fidèlement dans la Langue grecque.

On disait autrefois dans notre Langue *cluper* ou *gluper*, pour exprimer une espèce de *caquet* de la poule. Ce terme mériterait d'être renouvelé.

Linguet s'est servi du mot *caquetage* en parlant du chancelier de l'Hôpital. « Aucun » ministre, dit-il, ne fit jamais convo- » quer autant de grandes assemblées ; » mais satisfait d'y étaler une éloquence » prolixe et toujours mal-adroite, il les » laissait toutes dégénérer en cohues tu- » multueuses ou en *caquetages* scanda- » leux dont l'unique résultat était de con- » stater la frivolité et l'impuissance du » Gouvernement ».

CASCADE. Ménage pense que ce mot est fait de l'italien *cascata*, ce qui est incontestable. Il fait remonter celui-ci au latin *cado*, ce qui est plus douteux; mais ce verbe aurait été employé comme désinent dans l'expression dont il s'agit, qu'on n'en devrait pas moins reconnaître cette expression pour une Onomatopée. La première syllabe est un son factice qui fait rebondir la seconde, et cet effet représente d'une manière vive le bruit redondant de la *cascade*.

Il y a beaucoup d'Onomatopées du même genre, c'est-à-dire, composées d'un son naturel et d'un son abstrait. C'est ce que les Etymologistes n'ont pas remarqué; et satisfaits dès qu'ils ont trouvé dans un mot l'origine d'un de ses membres, on croirait qu'ils ont regardé le reste comme le produit du hasard ou du caprice. Il est cependant démontré que quelque fortuite qu'ait été la composition des Langues, il ne peut y avoir eu qu'un très-petit nombre de mots formés sans motifs.

CATACOMBES. Du grec *kata* qui est consacré à l'action de descendre ou de tomber, et qui a peut-être fourni le latin *cado* dont je parlais tout-à-l'heure; et du vieux français *combe*, vallée, gorge, endroit creux ou souterrain. La réunion de ces deux mots heureusement mariés produit un des beaux effets d'imitation de la Langue. Il est impossible de trouver une suite de sons plus pittoresques, poûr rendre le retentissement du cercueil, roulant de degrés en degrés, sur les angles aigus des pierres, et s'arrêtant tout-à-coup au milieu des tombes.

CATARACTE. En Grec, *Kataraktès*. Chûte d'eau impétueuse et bruyante qui tombe et se brise de roc en roc avec un grand fracas.

Herbinius, dans son Traité *de admirandis mundi cataractis suprà et subterraneis*, a étendu le sens de cette expression à tous les violens chocs élémentaires, de quelque espèce qu'ils fussent.

CHAT-HUANT. « *Chahuant*, dit un de nos » anciens glossateurs, est une espèce d'oi- » seau qui va voletant et huant de nuict, » duquel chant huant il est ainsi nommé, » car son chant n'est que hu et cry piteux: » pour laquelle cause les Latins l'ont ap- » pellé *ulula*, et aussi *noctua*, parce qu'il » ne chante et ne erre que la nuict. Ils » l'ont aussi nommé *bubo* par Onomato- » poée, représentant le chant d'iceluy

» par ce nom, et dient que cest oiseau » est féral et funèbre, pour estre téné- » breux et nocturne et effrayant : et à » ceste occasion tenoit on anciennement » son chant pour présage de calamité » future, mesme par mort de maladie. » Il est hay à merveilles des autres oy- » seaux, lesquels pour estre diurnes, » c'est-à-dire, errans et voletans par jour, » et ne avoir la rencontre ordinaire de ce » dit *chahuant*, et pour l'aspect hydeux » de luy, le hayent et poursuyvent à » coups de bec et de griffes, quand ils » le trouvent, faisans tous un esquadron » combattant contre luy, ausquels, comme » Pline dit au livre X, chap. 17, il résiste » par se coucher à l'envers et se reserrant » en arc, si qu'il demeure presque cou- » vert de son bec et de ses griffes ou serres, » laquelle inimitié estant aperçüe par les » oyseleurs, se servent dudit *chahuant*, » pour attraper ceux qui viennent à la » meslée contre icelny. De ce que dessus » se voit que de l'appeler *chathuant*, et » pour la difficulté de la prolation fran- » çoise en l'aspiration *h* après la con- » sonne, dire que *chahuant* est fait de

» *chat huant*, il n'y a pas raison grande, » veu que ceste particule *cha* est ailleurs » commune au François, comme en ces » mots chatouille, chatfourré, cha- » fouyn, esquels le mot de chat n'a que » veoir ».

CHEVÊCHE. En Latin, *Strix*. Ce mot a designé génériquement les oiseaux de nuit de l'espèce de la chouette. Maintenant on n'appelle du nom de *chevêche* que des oiseaux à qui ce nom ne convient plus, puisqu'il avait été formé par Onomatopée, et qu'il ne désigne point leur cri, mais celui de l'*effraye* ou fresaye. « Les cris acres et lugubres de l'efraye, » et sa voix entrecoupée qu'elle fait sou- » vent entendre pendant le silence de la » nuit, semblent articuler *grei*, *gré*, » *crei*; et ses soufflemens *ché*, *chei*, *cheu*, » *cheue*, *chiou*, qu'elle réitère sans cesse, » ressemblent à ceux d'un homme qui » dort la bouche ouverte : elle pousse » encore en volant différens sons aussi » désagréables. » Ces expressions, tirées d'un de nos Naturalistes, donnent l'incontestable étymologie des mots *chevêche* et *chouette*, et font regretter que l'impéritie des Méthodistes ait consacré de nouvelles *appellations* insignifiantes et capricieuses, puis transporté les anciennes à des espèces qu'elles ne désignent point, et bouleversé ainsi la nomenclature naturelle, sans qu'il en résulte aucun avantage pour la science.

Oserai-je souhaiter que les Naturalistes à venir, moins jaloux d'étaler une vaine érudition, en appliquant aux animaux des noms difficilement composés, voulussent bien s'en tenir aux désignations imitatives qui sont naturelles à tous les peuples, et qui universaliseraient, en quelque sorte, leurs nomenclatures. Cette idée n'a pas été étrangère à Linné et aux autres Méthodistes philosophes.

CHOC, CHOQUER. Du bruit de deux corps qui se heurtent.

Du même son naturel les Espagnols, pour joûte, ont dit *choca*.

Nous représentions cette dernière idée par le vieux verbe *toster*, dont les Anglais ont fait *toast*.

CHOUCAS. En Grec, *ankos*, *koloïos*; en Latin, *graccus*, *gracculus*; en Espagnol, *graio*, *graia*; en Italien, *ciagula*; en

Savoyard, *chüe*, *caüe*, *cavette*, *cauvette*; en Turc, *tschaucka*; en Saxon, *aelcke*, *kaeyke*, *gacke*; en Suisse, *graake*; en Hollandais, *kaw*, *chaw*; en Illirien, *kauka*, *kawa*, *zegzolka*; en Flamand, *gacy*; en Suédois, *kaja*; en Anglais, *kae*, *chog*, *jak-daw*; en quelques provinces de France, *chicas*, *chocotte* et *chocas*.

J'ai rapporté ces différentes synonymies comme autant d'Onomatopées. Le *choucas*, indépendamment du cri qui lui a fait donner son nom, en pousse un autre encore qu'on a exprimé par le son *tian*, *tian*, souvent répété; mais il lui est beaucoup moins familier, et n'a jamais été converti en Onomatopée.

CHUCHOTTER, CHUCHOTTERIE, CHUCHOTTEUR. Du mot factice *st* qu'on a employé pour imposer silence, ou pour indiquer qu'il faut baisser la voix, et parler de manière à n'être pas entendu, on a fait *chut*, suivant l'usage de notre Langue qui mouille ordinairement les sons sifflans, et de là le verbe *chuchotter*, qui présente une nouvelle Onomatopée par le concours des syllabes sourdes qui le composent. On disait autrefois *chuchetter*.

On ne supposerait guères que les Étymologistes eussent vu, dans le son radical *st* qui est si simple et si général, une contraction du *silentium tene* des Latins. Cela est cependant vrai, car il n'y a point d'idée si bizarre que ce genre d'érudition n'en puisse offrir un exemple.

CIGALE. Du son radical *cic*, *cic*, qui est le chant de cet insecte, les Grecs ont fait probablement *kik aïodos*, l'insecte *chanteur* qui dit *kik;* et de ce nom, les Latins *cicada*, les Espagnols *cigarra*, les Italiens *cigala*, et nous le mot *cigale*, qui est une Onomatopée alongée d'une terminaison oiseuse et étrangère à notre Langue.

* CLAPPEMENT. Un homme d'esprit qui se pique d'originalité sur toutes les matières, et qui a dit beaucoup de mal de Racine et de Newton, a cru devoir, en raison du même principe, attaquer l'ancienne réputation du rossignol, si prôné parmi les chantres des bois.

« Qu'une oreille impartiale, dit-il, » écoute avec attention le rossignol; » qu'elle entende ses sons souvent aigres, » toujours fortement prononcés, mais » sans variété, si ce n'est quatre tons,

» sans modulations, sans nuances, elle » éprouvera une sensation pénible, dé» sagréable. Transportez l'oiseau, sus» pendez sa prison à une fenêtre, le » chant sera le même, et le passant l'en» tendra avec indifférence ; s'il s'arrête, » ce n'est pas par l'attrait du plaisir, » c'est de surprise et d'étonnement. Il » croyait que l'oiseau ne chantait que » dans les bois et pendant la nuit ; mais » la lune ne brille pas au travers des » branchages touffus ; le silence solennel » de la nature ne l'environne pas ; le » murmure vague d'un ruisseau ne s'unit » pas aux légers frémissemens du feuil» lage sous lequel il est assis : il est dans » la ville.

» Que peut-on comparer au *clappe-* » *ment* dur et déchirant que l'oiseau tant » vanté fait entendre au milieu ou à la » fin de son chant imphrasé ? Je souffre » quand je réfléchis aux efforts redou» bles des muscles de son gosier. »

On ne verra peut-être ici que le caprice d'une imagination d'ailleurs ingénieuse qui se complaît à colorer agréablement des paradoxes ; mais je rapporte ce passage pour soumettre aux arbitres de la Langue le mot pittoresque, mais un peu hasardé, qui est l'objet de cet article, et qui me paraît une innovation plus heureuse que le reste.

CLAQUE, CLAQUEMENT, CLAQUER. Du son que produisent les deux mains vivement appliquées l'une contre l'autre, ou contre un corps retentissant.

Claquer se dit aussi fort bien du bruit d'un fouet qui coupe l'air avec force. Il est passé au sens proverbial dans cette acception.

Claquement s'applique sur-tout au heurt convulsif et spontanée des dents.

Court de Gébelin prétend que le son radical *claq* était un mot celtique qui signifiait *grand bruit. Schlagen* signifie encore en langue allemande frapper, et du même type, nous avons fait

CLAQUET, petite latte tremblotante qui est d'usage dans les moulins, et qui frappe la meule avec éclat.

CLIGNOTER. M. de Brosse prétend avec raison, ce me semble, que beaucoup d'Onomatopées ont été formées, sinon d'après le bruit que produisait le mouvement qu'elles représentent, au moins d'après un bruit déterminé sur celui que ce mouvement paraît devoir produire à le considérer dans son analogie avec tel autre mouvement du même genre, et ses effets ordinaires; par exemple, l'action de *clignoter*, sur laquelle il forme ces conjectures, ne produit aucun bruit réel, mais les actions de la même espèce rappellent très-bien par le bruit dont elles sont accompagnées, le son qui a servi de racine à ce mot.

CLIN-D'ŒIL, c'est le petit mouvement d'un œil *clignotant*.

CLINQUANT. *Clinquant* s'est dit, au sens propre, d'une feuille de métal si fine et si légère, qu'elle se froisse sous les doigts avec un petit cliquetis aigre dont son nom est formé; et parce que ces feuilles, à cause de leur ténuité ont ordinairement plus d'éclat que de valeur, on les prend figurément pour les choses d'un prix médiocre qui ont une apparence brillante, comme dans ces vers de Boileau :

> Tous les jours à la Cour un sot de qualité
> Peut juger de travers avec impunité;
> A Malherbe, à Racan préférer Théophile,
> Et le *clinquant* du Tasse à tout l'or de Virgile.

CLIQUETIS. Onomatopée tirée du son des armes qui se choquent.

Ce mot se dit aussi du bruit des verres, et en général des bruits argentins et mordans.

Cliket est dans le dictionnaire breton de dom Lepelletier, pour loquet de porte ou de fenêtre. Dans Davies on lit *cliccied*, et analogiquement, *cleccian*, pour *stridere*.

CLOSSEMENT, CLOSSER. Du cri ordinaire de la poule.

Ces mots ont peut-être quelque chose de plus aigre et de plus bruyant, et représentent mieux la clameur de la poule inquiète qui rappelle ses petits, ou de la poule irritée qui les défend, que leurs synonymes *gloussement* et *glousser* dont ils sont une nuance légère, et qui ne s'en sont pas moins conservés dans la Langue.

GLOUSSEMENT, GLOUSSER, ont obtenu jusqu'ici la préférence dans le langage poétique, et il me serait facile d'en offrir plus d'un exemple. Je m'en tiendrai à ces vers élégans d'un de nos meilleurs Poètes descriptifs :

La Poule cependant du Coq victorieux
A reçu dans son sein ce germe précieux
Qu'elle mûrit, féconde, et reproduit sans cesse;
Et bienfaitrice exacte à payer sa largesse
Qu'une coque fragile enveloppe et blanchit,
Du tribut coutumier, chaque jour t'enrichit.

La vois-tu, promenant sa vague inquiétude,
Rêver, fuir le plaisir, chercher la solitude;
Et trahir sa langueur par de longs *gloussemens*?
Hâte-toi, l'heure presse, et saisis les momens.
Son cœur est tourmenté du besoin d'être mère.

La poule glossante s'est autrefois appelée *cloucque*, *à clocqua*, dit Borel, *id est tintinnabulo, ob sonum similem.*

COASSEMENT, COASSER. Du son radical *koax*, si ridiculement employé par Rousseau, et qui est l'Onomatopée du cri de la grenouille.

On a dit *coaxare* dans la basse latinité, et quelques Ecrivains français en ont fait *coaxer*, qui n'est pas admis par l'usage.

COQ. Oiseau dont le chant est exprimé par un mot factice, de la première syllabe duquel on a fait son nom. Il est à remarquer que c'est son incantation la plus familière; aussi a-t-elle fourni aux Langues un grand nombre d'Onomatopées. Les

Grecs ont dit souvent *kottos* et *kikkos*. Les Polonais ont *kogut*, les Anglais *cok*, les Savoyards *coq* et *gau*. Nous avons dit autrefois *gal* de *gallus*, et *gog* du son radical imitatif. C'est cette dernière dénomination qui nous est restée avec une modification bien légère.

Ménage ne devait pas dire que *coq* venait de *clocitare*, d'où est fait *closser*, mais plutôt que ces mots venaient d'un type commun qui est le chant du *coq*.

Coque, mot créé pour représenter l'enveloppe de l'œuf, pourrait bien dériver du nom de l'animal, de l'Onomatopée de son chant. La poule entonne son chant favori à l'instant où elle vient de pondre. *Coq-coq*, suivant Leroux, exprime le bruit que fait la poule quand elle pond. Cette étymologie me paraît plus naturelle que celle qu'on attribue à ce terme quand on le fait venir *à concha*. *Coquille* se dit aussi chez nous pour *coque*, mais c'est une terminaison diminutive, familière à notre Langue.

Coquetterie, et les mots qui se rapportent à cette idée, sont employés figurément par allusion aux mœurs du *coq*, à son inconstance et à ses amours. En effet, soit que nous l'ayons appelé *gal* comme dans le vieux langage, soit que nous l'ayons appelé *coq* comme aujourd'hui, on peut suivre facilement cette double dérivation, dont les rapports, tout curieux et tout piquans qu'ils sont, ont cependant, je crois, échappé à tous les Etymologistes. *Galendé* signifiait orné, enrichi, embelli, comme dans ces vers du roman de la Rose :

> Belle fut et bien ajustée ;
> D'un fil d'or étoit *galendée*.

Gallois se prenait pour agréable et léger. Une belle, une franche *Galloise*, selon Rabelais et les Auteurs du même temps, c'était une femme éveillée et *coquette*.

> Et puis s'en vont pour faire les *galloises*,
> Lorsque devroyent vacquer en oraison.

Galeur ou *Galeure* a un sens analogue dans Coquillard :

> *Galeures* portent escrevices
> Et velours pour être mignons.

Villon se sert du mot *galer*, pour, se

réjouir, et passer agréablement la vie.

> Je plains le temps de ma jeunesse
> Auquel ay plus qu'en autre temps *galé.*

Gaillard et *Galant* nous restent encore. Les dérivés du mot nouveau sont plus aisés à retrouver, et frapperont tout le monde. Remarquons seulement qu'ils remontent au premier emploi du mot *coq*, et qu'on les croirait inventés simultanément, tant l'extension en fut naturelle. Il y a plusieurs siècles que le mot *coquardeau*, désignant un jeune homme étourdi et *coquet* qui débute dans le monde, se lisait déjà dans *le blason des fausses amours*.

> Se ung *coquardeau*
> Qui soit nouviau
> Tombe en leurs mains;
> C'est un oiseau
> Pris au glueau
> Ne plus ne moins.

Villon s'est servi de *quoquart* dans la même acception.

COUCOU. Voici les Onomatopées équivalentes que d'autres Langues me fournissent.

En hébreu *kaath*, *kik*, *kakik*, *kakata*,

schaschaph; en grec *kokkus*, et par corruption *karkolix*, et *kakakoz*; en latin *cuccus*, *cuculus*; en italien *cuculo*, *cucco*, *cucho*; en espagnol *cuclillo*; en allemand *gucker*, *kuckuch*, *guggauch*, *guckuser*; en flamand *kòckock*, *kockuut*; en anglais *kuckow*, *cucoo*; en turc *koukou*; en syriaque *coco*; en polonais *kukulka*, *kukawka*; en danois *kuk*, *gioeg kukert*; en catalan *cocut*, *cugul*; en vieux français *coqu*; en Provence *coux*, *cocou*; en Sologne *coucouat*, pour indiquer le petit du *coucou*.

Il n'y a point d'oiseau dont le nom ait été formé aussi généralement d'après son cri, et cela, peut-être, parce qu'il n'y en a aucun dont le cri soit plus analogue aux modulations de la voix humaine; au reste, il est bon de dire, une fois pour toutes, que si la lettre *C* prononcée comme *K*, est l'initiale du nom d'un grand nombre d'oiseaux crieurs, et même de certains que nous n'avons point nommés, parce que cette circonstance nous a paru trop faible pour constituer l'Onomatopée; que si elle est la caractéristique de leur *cri*; comme dans *cailletage*, *caquet*, *clap-*

pement, *clossement*, *cluppement*, *croassement*; et que si cette observation peut s'étendre indistinctement à toutes les Langues connues, c'est que le chant, ou plutôt la clameur de ces animaux, est engendrée par le claquement de la langue contre le palais, qui est la plus éclatante de toutes les touches vocales, et que ce claquement produit la consonne dont il s'agit.

COURLIS. C'est un oiseau que nous avons aussi nommé *curly* et *turly* par imitation de son cri.

Ce son naturel a produit beaucoup d'Onomatopées, l'*Elorios* des Grecs, le *clorius* des Latins, le *tarlino* de la Pouille, le *caroli* du Milanais, le *curlew* des Anglais, le *greny* des environs de Constance, le *turlu* de Poitou, le *turluy* et le *corleru* des Picards, le *corlui* des Normands, le *corlu* des Bourguignons, le *corly* et le *corlieu* de nos anciens Naturalistes.

M. de Buffon, à qui je dois cette nomenclature, y joint des observations qui viennent très-bien à ce sujet. « Les noms » composés des sons imitatifs de la voix, » du chant, des cris des animaux, sont,

» dit-il, pour ainsi dire, les noms de la
» Nature; ce sont aussi ceux que l'homme
» a imposés les premiers; les Langues
» sauvages nous offrent mille exemples
» de ces noms donnés par instinct; et le
» goût, qui n'est qu'un instinct plus ex-
» quis, les a conservés plus ou moins dans
» les idiomes des peuples policés, et sur-
» tout dans la Langue grecque, plus pit-
» toresque qu'aucune autre, puisqu'elle
» peint même en dénommant. La courte
» description qu'Aristote fait du *courlis*,
» n'aurait pas suffi sans son nom *Elorios*,
» pour le reconnaître et le distinguer des
» autres oiseaux. Les noms français *cour-*
» *lis*, *curlis*, *turlis*, sont des mots imita-
» tifs de la voix; et dans d'autres Langues,
» ceux de *curlew*, *caroli*, *tarlino*, s'y rap-
» portent de même; mais les dénomina-
» tions d'*arquata* et de *falcinellus* sont
» prises de la courbure de son bec, arqué
» en forme de faulx. Il en est de même
» du nom *Numénius* dont l'origine est dans
» le mot *Néoménie*, temps du croissant
» de la lune; ce nom a été appliqué au
» *courlis*, parce que son bec est à-peu-
» près en forme de croissant; et les Grecs

» modernes l'ont appelé *macritimi*, ou
» long nez, parce qu'il a le bec très-long,
» relativement à la grandeur de son
» corps ».

On pourrait conclure de ces remarques qu'il y a deux espèces d'Onomatopées ou de fictions de nom ; les premières qui sont les Onomatopées naturelles, communes à tous les peuples, parce qu'elles sont formées sur un son qui ne varie pas ; les secondes, qui sont les Onomatopées locales, propres à un seul idiome, parce qu'elles sont déterminées sur une figure ou un aspect des corps dont le signe est de convention. Ces deux riches familles de mots pittoresques sont la plus belle partie des Langues.

CRACHAT, CRACHEMENT, CRACHER. Du bruit que fait la salive jetée avec force hors de la bouche.

Cette idée a été exprimée dans les Langues par deux sons également imitatifs, quoique fort distincts l'un de l'autre. Du premier qui a servi de racine aux mots dont on s'occupe dans cet article, les Bas-Bretons ont fait *cranch* qui signifie salive, et suivant Court de Gébelin, *craing* qui signifie la même chose, *craincher*, *cracheur*, et *crancha*, *cracher*, mais je suis porté à croire qu'il doit ces dernières expressions à un autre vocabulaire. Les mots *excreare* et *screare* des Latins ont le même type.

Du second, les Latins ont fait *spuere*, *despuere*, *expuere*, les Italiens *sputare*, les Allemands *speien*, et les Anglais *spit*. Le son radical *puth* a été souvent converti en interjection, pour marquer un mépris extrême, comme en ces mots tirés d'une mauvaise pièce de Boursaut, intitulée *le Portrait du Peintre*. « C'est mal répondre, » *puth*, misérable critique! »

Il est presqu'inutile de dire que nos mots *conspuer* et *pituite* sont formés d'après cette dernière espèce de son.

Cracher, s'exprime en arabe par le mot *ghak*, et en hébreu par les mots *racac* et *iarac*, qui sont encore des Onomatopées.

CRAN. Incision ou entaille faite sur un corps dur. En celtique, *cran*, en latin, *crena*.

ECRAN, meuble qui glisse sur des *crans*.

CRAQUEMENT, CRAQUER. Du bruit que font des corps secs et durs qui se brisent.

Letourneur dit dans sa traduction du

Jugement dernier d'Young : « Avez-vous » entendu ce *craquement* effroyable dont » tout le globe a retenti dans sa profon- » deur ? C'est le fracas de l'Olympe et de » l'Atlas tombans ». Ce passage est d'une belle harmonie.

* CRAQUETER s'est dit quelquefois au sujet d'une matière pétillante et très-sèche qui éclate au feu, comme le sel ordinaire et les feuilles des arbres résineux. Il n'est point à dédaigner dans ce sens. Le poète Théophile en a fait un mauvais usage, quand il a dit qu'on entendait *craqueter* le tonnerre. Le signe est trop petit pour l'idée.

On ne se sert plus de *criquer* et de *criqueter* qui se prenaient autrefois dans un sens analogue. Les herbes sèches *criquent*, dit Nicod. *Herbæ aridæ rixantur. Criqueter*, *digitis concrepare*.

CRESSELLE, CRECELLE, ou CRÉCERELLE. C'est un instrument de bois en usage dans quelques solennités, qui *bruit* aigrement en tournant sur des crans durs et serrés. On a cherché par-tout l'étymologie de son nom, excepté dans le bruit qu'il produit, et dont elle est certainement tirée.

Ce mot n'est point étranger à la poésie, et Boileau s'en est agréablement servi dans ces vers imitatifs du Lutrin :

Ils prennent la *cresselle*, et par d'heureux efforts
Du lugubre instrument font crier les ressorts.

CREX. Cri sinistre et fréquent d'un oiseau qui en a pris son nom.

CRI, CRIER. Je ne prends point ces mots comme imitatifs de la voix humaine ou de celle des animaux, mais comme des Onomatopées d'un bruit purement mécanique qui résulte du frottement ou du brisement des corps. On se rappelle le superbe hémistiche du récit de Théramène :

L'essieu *crie* et se rompt.

M. Lalanne a fait un heureux emploi du même mot dans ces vers du poème intitulé *Les Oiseaux de la Ferme* :

Qu'elle est lente à leur gré, qu'ils la trouvent tardive,
La main qui se refuse à leur ardeur captive !
Le doux bruit du loquet, long-temps importuné,
Vient enfin réjouir l'essaim emprisonné.
Un verrou reste encor, qui, trois fois indocile,
Trois fois tourne, en *criant*, sur la porte immobile.

CRIAILLER, CRIAILLERIE, CRIAILLEUR, sont

faits du même son radical que les précédens, et alongés d'une syllabe très-ouverte, pour peindre la continuité fatigante d'un babil disputeur et hargneux.

> Délivrez-moi, Monsieur, de la *criaillerie*,
> Et daignez accomplir votre ordre, je vous prie.

Notre bon Montaigne est, je crois, un des premiers qui aient fait usage de ce mot. « La *criaillerie*, quand elle nous est » ordinaire, passe en usage, et fait que » chascun la méprise. Celle que vous employez contre un serviteur pour un larcin ne se sent point, d'autant que c'est » celle mesme qu'il vous a vu employer » cent fois contre luy, pour un verre mal » rincé, ou pour avoir mal assis une escabelle ».

CRIOCÈRE, est le nom que les Entomologistes français ont donné à une famille d'insectes dont on trouve des espèces sur le lys et sur l'asperge, et qui est remarquable par la propriété qu'ont les petits animaux qui la composent de produire un *cri* assez aigu, au moyen du frottement de leur corselet contre l'origine des étuis.

CRIC. C'est une machine composée d'une

roue dentée ou pignon qui se meut avec une manivelle, et qui roule en criant.

* CRINCRIN. C'était un instrument chargé de grelots, dont il n'est parlé que dans les *Fâcheux* de Molière :

> Monsieur, ce sont des masques
> Qui portent des *crincrins* et des tambours de basques.

Ménage, qui rapporte ce terme et cette autorité, n'hésite pas à le regarder comme formé par Onomatopée.

M. de Roujoux pense que le peuple donne au violon le nom de *crincrin* par allusion aux *crins* qui forment l'archet; il croit qu'il pourrait bien en être de même de cet instrument qu'il présume être celui dont se servent encore les enfans pour imiter la grenouille, et qui est formé d'un petit cylindre de carton fermé à une de ses extrémités, et attaché par un crin à un bâton autour duquel on le fait tourner pour produire du bruit. Le mot alors, selon M. de Roujoux, ne serait pas une Onomatopée, puisque l'instrument aurait pris son nom de sa principale partie.

* CRISSEMENT, CRISSER. Expressions hors d'usage. C'est l'action de grincer forte-

ment les dents, et de tirer de leur frottement un son aigre et *strident* qui offense l'oreille.

Crisser, selon Borel et Monnet, c'est faire un bruit aigu et âpre, comme les roues mal ointes.

CROASSEMENT, CROASSER. Du cri lugubre et discord des corbeaux.

Le nom même du corbeau dérive de loin du même son primitif. Du *korax* des Grecs qui est une Onomatopée, les Latins ont fait *corvus*, et d'après eux les Espagnols *cuervo*, et les Italiens *corvo*. La dénomination que nous avons adoptée est encore moins naturelle, quoiqu'on puisse remonter sans effort à son étymologie; mais il n'y en a point de plus singulièrement corrompue que celles que la Langue allemande et la Langue anglaise ont substituées au *corvus* des Latins, en retranchant bizarrement de ce mot la consonne initiale, et en faisant du reste par une métamorphose capricieuse les noms insignifians de *rabe* et de *raven*.

Boileau écrit quelque part :

Sitôt que d'Apollon un génie inspiré
Trouve loin du vulgaire un chemin ignoré,
En cent lieux contre lui les cabales s'amassent ;
Ses rivaux obscurcis autour de lui *croassent*.

Ce mot rauque tombe à la fin du vers d'une manière singulière et inusitée qui rend son effet plus énergique.

CROC. Ce mot ne fut probablement d'abord que le signe factice du déchirement d'un corps saisi par un instrument aigu ; et puis il devint par une extension très-naturelle le nom de cet instrument, du *croc* et du *crochet*.

ACCROCHER, c'est saisir avec un *croc*, ou fixer avec un *crochet*.

CROQUER. Du bruit que fait un aliment sec et difficile à broyer, en se rompant sous la dent.

Eh bien ! manger moutons, canaille, sotte espèce !
Est-ce un péché ? Non, non, vous leur fîtes, Seigneur,
En les *croquant*, beaucoup d'honneur.

Le même La Fontaine a employé le mot de *croqueur* que notre Langue a rebuté :

Un vieux renard, mais des plus fins,
Grand *croqueur* de poulets, un jour fut pris au piége.

CROQUET, nom que l'on donne à une espèce

de pâtisserie très-cassante, a la même origine que les mots précédens. Ils sont les uns et les autres du style familier.

CROULEMENT, CROULER. Du retentissement sourd et profond des murailles qui s'affaissent, qui s'ébranlent, et qui tombent.

ÉCROULEMENT et s'ÉCROULER qui ont un sens moins vif, sont cependant plus en usage.

Le mot *croulement* a été transporté très-énergiquement par Montaigne dans le style figuré.

« Nos mœurs sont, dit-il, extrêmement
» corrompües, et penchent d'une mer-
» veilleuse inclination vers l'empirement
» de nos loix et usages; il y en a plusieurs
» barbares et monstrueuses; toutes fois
» pour la difficulté de nous mettre en
» meilleur état, et le danger de ce *crou-*
» *lement*, si je pouvois planter une che-
» ville à nostre roüe, et l'arrêter en ce
» poinct, je le ferois de bon cœur ».

D

DANDIN, DANDINER. Pasquier dérive ces mots du terme factice *dindan* qui exprime le bruit des cloches, parce que la marche d'un *dandin*, d'un homme hébêté, d'un badaud qui chemine lentement et au hasard, en ne s'occupant que de choses vaines et communes, représente assez bien le mouvement des cloches ébranlées.

Cette dénomination s'est retrouvée souvent dans le style satirique, témoins Thenot *Dandin*, Perrin *Dandin*, Georges *Dandin*.

DÉGRINGOLER. Terme bas qui est pris du bruit d'un corps qui roule d'une certaine hauteur.

Voltaire a dit : « Si deux ou trois personnes ne soutenaient pas le bon goût dans Paris, nous *dégringolerions* dans la barbarie ».

DRILLE. J'oserais conjecturer que ce mot a été fait du bruit que produisaient les pièces d'une vieille armure, qui, mal unies et agitées au moindre mouvement, se choquaient les unes contre les autres. Par une de ces extensions qui sont familières à toutes les Langues, et sur-tout à la nôtre, ce mot a signifié depuis un habit militaire en lambeaux, puis le soldat qui le portait, et finalement de mauvais haillons. Les traces de cette génération existent encore, puisqu'il est conservé sous toutes ses acceptions.

* DRONOS. Donner *dronos* sur les doigts est une expression fort triviale que je trouve dans Rabelais. Le Duchat la regarde comme une Onomatopée du bruit que rend un coup dur et retentissant; mais dans le cas où l'imagination des Lecteurs ne voudrait pas se prêter à l'explication qu'il plait au savant commentateur d'en donner, ils sont libres de la ranger parmi les mots sans nombre que cet Auteur a formés sans autre règle que son caprice, véritables termes macaroniques, dans la construction desquels il n'a cherché qu'à être original et bizarre, et auxquels il s'est peu soucié d'attacher un sens. Voilà pourquoi un commentaire dans le genre de celui de M. Le Duchat, où l'on prétend tout expliquer, est une des entreprises les plus ridicules qu'on ait pu faire sur Rabelais.

* DROUÏNE. Ce mot, tout aussi dédaigné, signifie le havresac dans lequel les chaudronniers mettent leurs outils, dont le choc sonore semble articuler *dron*, *drin*, ou *drouin*.

CHAUDRON, CHAUDRONNIER, seraient donc des Onomatopées tirées de cette racine.

En anglais, un *drouïneur* ou *chaudronnier* qui porte la *drouïne*, s'appelle *tinker*, autre Onomatopée aussi tirée du tintement des métaux dont il est chargé.

E

ÉBROUER. Onomatopée assez précieuse, qui représente l'action d'un cheval ardent, soufflant avec force pour chasser l'humeur qui l'incommode, et pour reprendre facilement haleine.

Tum si qua sonum procul arma dedêre,
Stare loco nescit, micat auribus, et tremit artus,
Collectumque premens, volvit sub naribus ignem.

Il n'y aurait peut-être rien de comparable à cet admirable passage des *Géorgiques*, si on ne lisait pas dans Job :

« Est-ce vous qui avez donné au cheval
» sa force et sa beauté? Le ferez-vous bon-
» dir comme la sauterelle, lui, qui du
» souffle si fier de ses narines, inspire la
» terreur? Il se rit de la peur; il s'agite,
» il frémit, il frappe du pied la terre, et

» l'enfonce. Dès qu'il entend le son de la » trompette, il dit : courage ! Il sent l'ap- » proche de l'armée, et joint ses hennis- » semens aux cris confus des soldats ».

On reconnaîtra facilement dans les deux Poètes les images dont le mot *ébrouer* est l'expression elliptique.

ÉCLAT, ÉCLATER. Du bruit d'un corps dur qui se divise avec violence quand on le crève, quand on le fend, quand on le brise.

Il y a long-temps que les Glossateurs et les Etymologistes ont reconnu que ces mots étaient faits du son que rend le bois, par exemple, quand on le met en pièces, comme cela se remarquait au brisement des lances dans les tournois. On lit au deuxième livre d'Amadis : « Adonc bais- » sèrent leurs lances, et donnans des es- » perons à leurs chevaux, coururent l'un » contre l'autre de si grande roideur, que » leur bois vola en *esclats* ».

Les Grecs ont dit *klao* pour *frango*, et de là, chez les Latins, un éclat de bois s'est quelquefois appelé *clasma*. *Clao* signifiait en celtique une espèce de ferrement, et le bruit qu'il rendait sous le marteau.

Cette racine passant au figuré par catachrèse ou extension, a enrichi nos vocabulaires de beaucoup de termes. Elle a fourni aux Langues gothiques le mot *cla* ou *cala*, *crier*, dont il est facile de suivre les nombreuses dérivations.

Clabaud, qui est composé de ce mot et du latin *boare* ou *baubare*, a été dit pour, chien, et figurément pour, un parleur insupportable.

Clabauder, est encore pris quelquefois en ce sens dans un style très-bas.

> Que deviendrai-je, entendant les Libraires
> Me *clabauder* et crier de concert,
> Deçà, Monsieur, achetez Boisrobert!

Clamer, qui signifiait nommer à haute voix, appeler avec *éclat*, est totalement rejeté par notre Langue, qui a cependant conservé tous ses composés. Il était toutefois difficile à remplacer en certaines occasions.

> C'est elle qui a tant de pris
> Et tant est digne d'estre amée
> Qu'el' doit estre rose *clamée*.
>
> GUILLAUME DE LORRIS.

Clameur, *Acclamation*, et les autres expressions de cette famille n'ont rien perdu dans l'usage. On disait autrefois *clamours*, comme dans ces vers de Marot :

> Tous pélerins doivent faire requêtes,
> Offrandes, vœux, prières et *clamours*.

Le mot *éclisser*, pour, faire jaillir des *éclats* de boue, a cessé d'être français.

ÉCLABOUSSER, Onomatopée mixte, composée d'*éclat* et de *boue*, lui a été substitué.

ÉCLOPPÉ. Je crois que c'est le seul mot qui nous reste de cette raciné, qu'on peut croire formée par imitation du bruit inégal et lourd de la marche d'un boiteux.

Rabelais a dit *cloper*; et, *clopiner* se trouve dans des Auteurs d'un style assez pur. J'ai lu *clanpin* dans des mémoires de la fin du dix-septième siècle, où l'on désignait ainsi le duc du Maine.

Claudicare, qui signifiait boîter chez les Latins, n'aurait-il pas la même origine; et de là n'aurait-on pas fait le nom de la *cloche*, parce que son mouvement ressemble à la marche des boiteux? Ce qu'il y a de certain, c'est qu'on dit encore *clocher* pour *boiter*, et qu'on appelle vulgairement *cloche*, une espèce d'ampoule qui survient aux pieds d'un homme fatigué, et qui le fait *clocher*.

* CLOPIN, CLOPANT, est un mot factice, construit par Onomatopée du pas des boiteux. La Fontaine s'en est servi dans la fable du *Pot de terre et du Pot de fer*.

> Mes gens s'en vont à trois pieds
> *Clopin clopant* comme ils peuvent,
> L'un contre l'autre jetés
> Au moindre hoquet qu'ils treuvent.

ÉCRASER. Ce mot est engendré par un son analogue à celui qui a produit le mot *éclater*, mais qui représente un brisement moins simultanée, et c'est pour cela qu'il est alongé par la consonne roulante.

Le cri de la craie qui se rompt et qui se pulvérise sous le pied, reproduit fort distinctement cette racine.

Les Chaldéens ont dit *kéras*, et les Grecs plus vivement encore *katatripsis* pour *obtritus*, *écrasement*. Ce dernier mot n'est pas français.

Si l'on veut s'assurer de la vérité de cette étymologie, qu'on ouvre au mot *écraser* le dictionnaire de l'Académie; on y verra entr'autres usages de ce mot : *écraser des groseilles*, *du verjus*. On *écrase* donc des bayes sèches, tendues, récalcitrantes. On n'*écraserait* pas des fruits tendres et pulpeux. D'où vient cette différence? Elle est l'effet du son produit par l'action d'*écraser*, qui est âpre, aigu dans le premier cas, mousse et presque muet dans le second.

ÉCROU. L'*écrou* est une pièce de bois ou de fer qui a un trou correspondant à la grosseur d'une vis qui s'y introduit, et y tourne avec un bruit désagréable.

L'*écrou*, qui est un acte d'emprisonnement, est une figure de celui-ci.

La consonne roulante marque les efforts et le cri de la vis dans les crans pressés où elle s'emboîte; et dans *clou*, qui est une Onomatopée assez douteuse, le son est bref et net, parce qu'on le *fiche* brusquement, et qu'il produit un bruit indécomposable et immodulé.

ÉGRISER. Oter les parties brutes d'un diamant en le frottant contre un autre.

Le bruit agaçant de ce frottement, semblable à celui d'un verre que le diamant du vitrier divise, ou qu'on fait grincer en le grattant de l'ongle, a servi de racine à cette Onomatopée.

ENFLER, ENFLURE. Onomatopées composées de la préposition, et du bruit de l'haleine chassée avec effort.

Enfler, s'est dit d'abord pour, l'action de remplir d'air un corps vide et flasque, jusqu'à ce qu'il ait acquis un certain degré de tension; puis, *enflé*, s'est dit en général de tous les corps qui ont une grosseur inusitée ou accidentelle.

Les Latins disaient *inflare* qui a la même racine et la même valeur.

GONFLER, que nous avons de plus qu'eux, est peut-être plus imitatif, parce qu'il est plus emphatique, et qu'on ne peut le prononcer sans une assez forte émission du souffle.

ESCOPETTE, ESCOPETTERIE. Du bruit éclatant des mousquets.

Ce mot a donné lieu au plus ridicule des vers factices :

Schiopettus tuf taf : bom bom colubrina sboronat.

« L'escopette perce l'air avec ses *tuf* » *taf*, et la coulevrine avec ses bom bom ».

Perse avait dit *sclopus*, pour, le son que rend la bouche, quand on frappe sur les joues gonflées d'air :

Nec sclopo, tumidas intendis rumpere buccas.

De là le diminutif macaronique *schiopettus* et le français *escopette*, qui sont des Onomatopées formées sur un son de la même espèce. C'est l'opinion de Paradin et de Polydore Virgile.

ÉTERNUEMENT, ÉTERNUER. « *L'esternuement*, qui vient de la tête, étant » sans blâme, dit Montaigne, nous lui » faisons un honneste accueil. Ne vous » mocquez pas de cette subtilité ; elle est » d'Aristote ».

Nous disions beaucoup mieux *esternüer*, parce que ce mot ainsi prononcé conservait le son radical dans toute sa valeur, et s'écartait moins des analogues qu'on lui connaît dans d'autres Langues.

F

FANFARE. La plupart des instrumens à vent sont caractérisés par la lettre F, parce que cette consonne produite par l'émission de l'air chassé entre les dents, est l'expression du soufflement ou du sifflement. De là, *fanfare*, qui est un chant de trompette.

Rabelais en avait fait le verbe *fanfarer*, que je ne me souviens pas d'avoir vu ailleurs.

FIFRE. La voyelle resserrée entre deux lettres sifflantes, donne une idée très-juste du bruit aigu de cet instrument, et la désinence roulante marque son éclat un peu rauque.

Les Allemands l'ont nommé *pfeifer* par analogie à l'Onomatopée *pfeifen* qui signifie *siffler*. Cette dénomination a été exactement transportée dans notre Langue et dans la plupart des autres. Nous avons même dit *pifre*, comme en ce passage de la traduction d'*Amadis* par Gabriel Chapuis. « Plusieurs sont des *pifres* » et autres instrumens ». Et en cet autre de Rabelais : « Puis soubdain retourne, » et nous asseure avoir à gausche des- » couvert une embuscade d'andouilles » farfeluës, et du cousté droict à demi- » lieüe loing de là, ung gros bataillon » d'aultres puissantes et gigantales an- » douilles, le long d'une petite colline » furieusement en bataille, marchantes » vers nous au son des vézes et piboles, » des guogues et des vessies, des joyeulx

» *pifres* et tabours, des trompettes et » clairons ».

FLACON. Du bruit de la liqueur versée hors du *flaçon*, et qui tombe de quelque hauteur dans un vase sonore. Il est du moins certain qu'on n'a découvert aucune autre étymologie raisonnable de ce mot, et que l'unanimité avec laquelle tant d'idiomes l'ont admis, donne lieu de penser qu'il n'a pas été formé au hasard. Les Espagnols ont dit *flascon*, les Italiens *fiascone*, les Allemands *flasche*, les Flamands *flesche*, les Polonais *flasha*, les Bohémiens *flasse*, les Hongrois *palassk*, et les Anglais *flagon*.

Une observation qui donne du poids à cette conjecture, c'est que *flacquer* s'est dit autrefois pour, vuider son verre, en jetant les liqueurs qu'il contient. La Bruyère en fournit un exemple dans ce passage. « S'il trouve qu'on lui a donné » trop de vin, il en *flacque* plus de la » moitié au visage de celui qui est à sa » droite, et boit le reste tranquillement ». De là,

FLACQUÉE D'EAU, l'eau que l'on *flacque*, ou que l'on jette contre quelque chose,

Flacque d'eau, mare croupissante et de si peu d'étendue, qu'il semble qu'on l'ait *flacquée* à l'endroit où elle est,

Flasque, adjectif qui s'est dit d'abord d'une chose amollie par l'humidité, et particulièrement d'un linge mouillé qui produit, quand on le soulève et qu'on le laisse retomber sur lui-même, le bruit de l'eau qu'on *flacque* à terre. Cette dernière expression dérive secondairement du *flaccidus* des Latins qui a été immédiatement fait du bruit naturel.

FLANQUER. Du bruit d'un coup violent, le peuple a fait le mot factice *flan* pour le représenter, et le verbe *flanquer* pour, donner un coup dont le son est exprimé par *flan*.

Ces termes sont de la plus basse trivialité.

FLÈCHE. Mot factice formé sur le son de la *flèche* chassée de sa corde, et qui fuit en sifflant. C'est l'opinion de Nicod, du temps duquel on disait encore indifféremment *flèche*, *flic*, ou *flis*.

En espagnol, c'est *flecha*, en allemand *pfeil*, en anglo-saxon *fla*.

Les Italiens ont aussi *freccia*, mais

plus communément *saëtta*, du *sagitta* des Latins (1), qui nous a fourni *sagette*, et

(1) Comme il était de mon intention de donner dans le cours de cet ouvrage quelques exemples de l'extension des sons radicaux et des racines imitatives dans la désignation des êtres qui, comme je l'ai dit, n'ont point de formes propres et de bruits particuliers, et de prouver qu'aucune expression n'a été formée sans motif, et que les termes qui ont caractérisé les sensations premières, ont dû devenir allusivement le signe des sensations analogues; comme le son radical *sag* qui est une des anciennes Onomatopées du bruit de la *flèche*, est d'ailleurs un des plus curieux que je connaisse dans les modes qu'il a subis, je vais suivre ses différentes dérivations dans la Langue latine seulement, pour ne pas charger cette note d'un appareil inutile d'érudition.

RACINE, SAG. Sens propre, une *flèche*.

Les Latins en ont fait SAG-*itta*, et immédiatement, par le procédé comparatif, ce nom est devenu commun à une plante dont il est question dans Pline, et qui ressemble à une *flèche*, au bout d'un rejeton de vigne qui a la forme d'une *flèche* barbelée, et à une constellation composée de cinq étoiles qui représente une *flèche*.

SENS DÉRIVÉ.

SAG—*ittarius* a signifié un homme qui lance des *flèches*, et ensuite un signe du Zodiaque. Puis par une qui a du rapport avec la *zagaye* des Maures et de quelques nomades.

---

extension commune dans les Langues, on a nommé SAG—*ittarius*, une monnaie de Perse qui avait un SAG—*ittaire* pour empreinte.

SAG—*ittifer* a été le nom du porc épic, parce que les pointes dont il est couvert ont quelque ressemblance avec des *flèches*.

Jusqu'ici l'opération de l'esprit est simple et sans complication.

SENS RELATIF.

L'imagination commence à saisir des rapports plus éloignés, mais elle n'a point encore perdu de vue le sens propre.

SAG—*aris* signifie d'abord un faisceau de *flèches*, un carquois; il se dit bientôt d'une hache d'armes.

SAG—*ma* exprime en premier lieu ce qui sert à cacher la pointe de la *flèche*, à la garantir en temps de paix. Ensuite, il se dit généralement d'un fourreau, et finalement de la selle d'un homme d'armes où les *flèches* sont fixées.

SAG—*men* est pris dans un sens plus hardiment figuré, quoiqu'il appartienne encore au sens primitif. On appelle ainsi la verveine par opposition ou contre vérité, parce que les Ambassadeurs proposant la paix ou la guerre, portaient dans leurs mains une verveine et une *flèche*.

SAG—*a* signifie premièrement les armes d'un soldat.

Le mot *psi* est une autre Onomatopée du bruit de la *flèche*, dont il reste peu

---

Ire ad SAG—*a*, c'est s'emparer de ses javelots et de ses *flèches*. On en fait SAG—*um* ou SAG—*ulum* qui est l'habit d'un soldat en guerre.

Une fois que ce pas est fait, on va beaucoup plus loin. On appelle SAC—*itza* le pillage d'une ville, l'extermination de ses habitans, parce que les vainqueurs les renversent à coups de *flèches*, et notre Langue en emprunte les mots SAC et SAC—*cager* qui conservent encore toute la racine, avec une simple modification de la gutturale *g*, prononcée sur une touche plus éclatante.

Enfin, il suffit de nazaler cette racine SAG, pour en former SANG—*uis*, qui s'emploie par une extension du même genre, parce que le sang coule sous les *flèches*.

N. B. En vieux français, *sache* a signifié un fourreau, *sacher*, tirer du fourreau, et ensuite, poursuivre le gibier et le renverser sous les *flèches*, d'où il semble que *chasser* a été fait par métathèse.

SENS FIGURÉ OU MÉTAPHORIQUE.

Ici l'esprit de l'homme s'élance hardiment à des objets très-éloignés, pour peu qu'il y puisse saisir quelque affinité avec le sens originaire du mot inventé.

Une erreur populaire lui persuade qu'une espèce de pierre précieuse attire le bois comme l'aimant attire le fer, et que le bois y vole avec la rapidité de la *flèche*. Il nomme cette pierre SAG—*da*.

Il a observé que la *flèche*, en s'enfonçant dans un

de composés dans les Langues ; mais il est à remarquer que les Grecs en ont fait

---

corps dur, y frémit long-temps encore. Il appelle SAG — *acio*, id est, SAG—*ittæ actio*, tous les genres de palpitation et de tremblement.

Il essaye de trouver un objet de comparaison à l'action de regarder. Le regard parcourt l'espace avec la vitesse de la *flèche*, et le son radical SAG devient le nom du regard dans presque toutes les Langues de l'Orient. Les Latins cependant ne se servent point de cette racine à ce dernier usage ; mais ils le méconnaissent si peu, qu'ils s'enrichissent de ses dérivations au sens abstrait.

Sens abstrait.

SAG—*ire*, c'est avoir de la pénétration, du discernement, saisir des yeux de l'esprit.

SAG—*ax*, c'est un homme pénétrant, un homme dont le regard sûr discerne la vérité.

Sens hyperbolique.

Le dernier terme de cette gradation est si étranger à son type, qu'il serait impossible d'en reconnaître l'origine, si on n'y pouvait remonter, comme nous le faisons, par une succession très-naturelle de sensations et de jugemens. Le sens abstrait s'étendant à des significations nouvelles, ce n'est plus au SAG—*e*, à l'esprit délicat et subtil qui saisit les choses dès le premier une de leurs lettres qu'ils ont représentée hyéroglyphiquement sous la figure d'une *flèche* empennée, ou d'un trait appuyé sur son arc.

FLEUR. Du bruit que fait l'air aspiré par l'organe qui recueille les parfums de la *fleur*.

---

abord, avec une extrême justesse, que doit s'arrêter cette série d'idées que nous venons d'exposer; son regard plus prompt, plus sûr, plus pénétrant encore, perce tous les obstacles. Son esprit s'élève au-dessus de toutes les conceptions ordinaires; il domine, il explique l'avenir.

C'est le devin que les Latins ont appelé SAG—*us*, la magicienne, l'enchanteresse dont ils ont fait SAG—*a*, SAG—*ana*.

Præ—SAG—*ire*, c'est voir hors du présent, c'est anticiper par la pensée sur les événemens futurs.

Præ—SAG—*ium*, c'est le pressentiment, le pronostic.

Præ—SAG—*us*, c'est le sorcier, l'augure, l'homme inspiré, termes dont on a complété le sens par la petite préposition *præ*, au-devant, au-delà.

Il reste à s'assurer que les autres mots de la Langue naturelle donneront une pareille filiation, et c'est ce que chacun peut reconnaître dans ses études particulières, soit qu'il se contente, ainsi qu'on l'a fait ici, de pousser ses recherches dans une Langue seulement, soit qu'il veuille les étendre à toutes, ce qui n'est pas plus difficile.

Flairer, en est formé par métonimie. Cette étymologie laisse d'autant moins de doutes, qu'on a dit autrefois *fleurer*. Molière s'en est servi dans ce vers d'*Amphitrion* :

Impudent *fleureur* de cuisine,

pour désigner un parasite. Le nom de M. *Fleurant* qu'il a employé dans le *Malade imaginaire*, est tiré du même verbe, dans la même construction.

Cette racine est propre à caractériser en général tous les termes qui figurent des émanations douces, des formes ondoyantes, des mouvemens caressans, comme *flamme*, qui est un corps impalpable et tenu, que le vent agite et balance ; *flatter*, qui est une action gracieuse au propre et au figuré ; *fléchir*, qui se dit en parlant de l'inclinaison molle et légère d'un corps souple, comme les jeunes plantes et les roseaux ; et beaucoup d'autres expressions de la même espèce, sur lesquelles je ne m'arrêterai pas davantage, et que je ne classerai point à leur rang alphabétique, parce qu'elles me paraissent trop éloignées de leur type.

FLOT.

FLEUVE, FLUX, FLUIDES, choses qui *fluent*.

Du bruit des liquides qui s'écoulent. Cette racine se retrouve dans presque toutes les Langues.

AFFLUENCE, a signifié originairement le concours des *flots*, le *flux* des grandes eaux, la réunion de plusieurs *fleuves* qui *fluent* ensemble vers un même but, et figurément l'action de survenir en grand nombre, et d'aborder dans le même lieu ; mais on ne le prend plus que dans sa dernière acception.

Fléon, se disait dans le vieux langage pour un petit *fleuve*, ou ruisseau.

Glorieux *fléon*, glorieuse ève,
Qui lavaz ce qu'Adam et Eve
Ont pour leur pechié ordoyé.

Sur quoi je ferai remarquer en passant qu'il résulte de cette citation qu'on a dit autrefois *éve* pour eau en français, et que ce mot *ev* signifiait, boire ou avaler, en celtique. Voyez au mot *biberon*. *Afon*, *avon*, dont *amnis* paraît dérivé ; représentait dans la même Langue l'idée que nous attachons à ce mot latin, un *fleuve*, une rivière rapide.

* FLOFLOTTER, qui est tout-à-fait perdu, est cependant une assez heureuse Onomatopée du choc des flots en rumeur.

Dubartas a écrit *le floflottant Nérée*, et c'est, je crois, ce qui a fait dire à Pasquier au huitième livre de ses recherches : *Floflotter* est mis en usage par les » poètes de notre temps pour représenter » le heurt tumultuaire des *flots* d'une » mer, ou grande rivière courroucée ».

Je ne sais personne, au reste, qui ait employé ce terme depuis Pasquier, si ce n'est l'extravagant poète Desmarets dans sa comédie des *Visionnaires*, où il le donne pour épithète au *fleuve* Nérée, comme avait fait Dubartas.

Déjà de toutes parts j'entrevois les brigades
De ces Dieux chèvre-pieds et des folles Ménades
Qui s'en vont célébrer le mystère orgien
En l'honneur immortel du père Bromien.
Je vois ce cuisse-né suivi du bon Silène
Qui du gosier exhale une vineuse haleine,
Et son âne fuyant parmi les Mimallons
Qui les bras entirsés courent par les vallons.
Mais où va cette troupe ? . . . Elle s'est égarée
Aux solitaires bords du *floflottant* Nérée.

FLOU. Ce mot se dit en Peinture, et sur-tout dans la mauvaise école, d'un tableau dont le coloris est doux, tendre, et comme soyeux et velouté. Il est donc dérivé du son moëlleux d'une étoffe précieuse, faiblement froissée avec la main. Dans le *Charles Ier*. de Wandick, on croit entendre le *flou* du satin.

Au reste, on se sert ordinairement pour fondre les couleurs, pour les noyer, les dépouiller de leur sécheresse, et amollir leurs nuances, d'une petite brosse de soies légères, qu'on passe délicatement sur ce que le pinceau a touché, et dont on effleure la toile avec tant de précaution, qu'il semble qu'on la caresse. Cette opération est accompagnée d'un petit bruit qui est peut-être devenu par analogie le nom de cette manière de peindre.

FLÛTE. Du *flare* des Latins qui est une Onomatopée du souffle. La douce émission du son qui flue en quelque sorte par les trous de la *flûte*, a déterminé le nom de cet instrument.

Les Italiens ont dit *flauto*, les Espagnols *flauta*, les Allemands *flœte*, les Anglais *flute*, et les Celtes *flehut*. Cette conformité de dénominations, qui n'est fondée sur aucune autre étymologie apparente, vaut une démonstration.

J'ajouterai que les Orientaux appellent une *flûte*, *avuv*, et les Taitiens, *evuvo*. C'est l'aspiration de la Langue celtique *av* ou *ev*. Remarquez aussi que le *v* se prononce sur la même touche que l'*f* qui n'est qu'un *v* fort. Les Hébreux prononçaient *vau* pour *f*; les Allemands prononcent, au contraire, *faou* pour *v*. Il résulte de là que le mot *avuv* des Orientaux, et le mot *evuvo* des Taïtiens, ont la même construction que le mot *fifre*, et présentent comme lui un son vocal aigu resserré entre deux dentales. Ils en diffèrent par l'intonation qui est moins brusque, par la désinence qui est plus pleine et plus harmonieuse, et par l'adoucissement des consonnes caractéristiques. *Avuv* ou *evuvo* représentent donc très-bien une *flûte*, un fifre doux.

Le *syrinx* des Grecs est aussi une Onomatopée, mais qui tient à la mélopée primitive, et au son plus aigre des simples roseaux.

FRACAS; FRACASSER. D'un bruit éclatant et prolongé qui est occasionné par une destruction violente ou par un phénomène naturel, comme le *fracas* de la foudre qui tombe, le *fracas* des cataractes, et le *fracas* des volcans.

Quinaut a supérieurement dit dans ces vers d'une belle harmonie imitative :

Que le bruit, que le choc, que le *fracas* des armes
Retentisse de toutes parts !

FREDON, FREDONNER. En chassant l'air de la bouche, avec un roulement pressé de la langue, et un petit frémissement des lèvres, on produit le bruit sourd ou le chant confus que ces mots expriment. Guichard a rencontré assez heureusement, quand il les a dérivés du *fritinnire* des Latins, excellente Onomatopée qui a la même racine, et qui avait été faite pour représenter le murmure des hirondelles.

FRELON. Du bourdonnement des ailes de cet insecte, on a fait son nom français. Les Latins ont dit *crabro*, et les Espagnols *tabarro*, qui sont d'autres Onomatopées.

FRÉMIR, FRÉMISSEMENT. On ne peut se tromper sur le son radical de ces mots, qui se reproduit dans tant d'occasions, soit qu'il se forme de l'agitation rapide des lèvres dans le *frémissement* de la fièvre et dans celui de la peur, soit qu'il paraisse émaner des feuillages émus, des herbes fouettées par le vent, des eaux qui murmurent sur les cailloux.

Frisson, Frissonnement, qui sont des *frémissemens* d'une espèce particulière,

Frayeur, Effroi, sentiment qui excite le *frisson*,

Froid, sensation physique dont l'effet est le même, sont autant d'expressions qui se rapportent à cette racine, et sur lesquelles je ne reviendrai pas ailleurs.

FRETILLER. Pour exprimer un mouvement très-vif et très-rapide, comme celui d'un petit poisson suspendu à la ligne, et pour représenter le bruit dont il est accompagné.

Fretin, c'est le nom qu'on donne au petit poisson qui *fretille*.

> Un carpeau qui n'était encore que *fretin*,
> Fut pris par un pêcheur au bord d'une rivière.

Et ailleurs :

> Un rieur était à la table
> D'un financier, et n'avait en son coin
> Que de petits poissons; tous les gros étaient loin.

Il prend donc les menus, puis leur parle à l'oreille;
Et puis il feint à la pareille
D'écouter leur réponse; on demeura surpris,
Cela suspendit les esprits.
Le rieur alors d'un ton sage
Dit qu'il craignait qu'un sien ami
Pour les grandes Indes parti
N'eût depuis un an fait naufrage.
Il s'en informait donc à ce menu *fretin*;
Mais tous lui répondaient qu'ils n'étaient point d'un âge
A savoir, au vrai, son destin;
Les gros en sauraient davantage.

FRIRE. Du pétillement de l'huile bouillante quand on y plonge un corps froid pour le faire *frire*.

Cette Onomatopée se retrouve dans toutes les Langues.

Observez que le grec *frugo*, *frughios* (*torreo*, *torridus*), dont le son a tant d'analogie avec celui sur lequel ce mot est formé, a fourni le nom de l'*Afrique* et de la *Phrygie*, pays de feu. Je dois cette remarque à M. de Cambry, dont l'immense érudition a enrichi la science des Langues de tant d'heureuses découvertes.

FRISER. Pour rouler les cheveux, on les presse avec un fer chaud qui les dessèche et qui les crispe. C'est du petit bruit avec lequel ils se retournent sur eux-mêmes, qu'on a fait le mot *friser*.

Friser se prend aussi pour, effleurer un objet, pour, en passer si près que le bruit du frottement se fait légèrement entendre.

FROISSEMENT, FROISSER. Belles expressions qui représentent ordinairement le cri d'une étoffe ferme que l'on presse avec quelque force; mais qu'on a étendues à d'autressignifications, etqui peuvent s'appliquer plus ou moins à toutes sortes de ruptures et de brisemens.

Il est certain qu'elles ont été formées d'après le son naturel, et je n'en atteste que les Auteurs même qui ont cherché ailleurs leur étymologie. Ils remarquent qu'on dit *froisser* du damas et du satin. On ne le dirait pas d'une étoffe douce et légère qui cède sans bruit sous la main. On la chiffonne, on ne la *froisse* pas. *Froisser* est donc un mot imitatif, une véritable Onomatopée.

On dit vulgairement le *froufrou* d'une robe de satin, d'un vêtement de taffetas, et ce mot factice est la racine de ceux-ci.

FRÔLER, pour, friser, effleurer un corps.

Frôler une robe de taffetas, c'est la faire crier en passant. *Frôlement*, pour représenter ce bruit, est un mot pittoresque et vrai, mais hasardé.

Freler, qui est de cette famille, s'emploie dans la Langue du peuple, en parlant d'une matière de peu de consistance, comme les cheveux et la barbe, ou le poil, la laine et les plumes des animaux, qui, à peine *frôlés* ou effleurés par le feu, se retirent en rendant un son faible et rapide dont ce verbe paraît formé.

FRONDE. Une corde qui sert à lancer les pierres avec violence, à les faire déchirer l'air avec bruit et de manière à ce qu'elles en tirent un frémissement long, retentissant et sonore, dont on peut exprimer l'effet par le mot qui fait le sujet de cet article.

Les Grecs ont dit *sphendoné*, les Latins *funda*, les Italiens *fromba*, *fronda* et *frondola*. L'*e* muet qui termine sourdement cette Onomatopée dans notre Langue, et qui figure la désinence d'un bruit mourant, la rend préférable à toutes les autres. J'en excepte cependant l'énergique *sling* des Anglais, qui est le terme le plus pittoresque que l'on ait attaché à cette idée.

Dans le pays de Léon, *fromm* exprime le bruit que fait une pierre jetée avec une *fronde*. *Fromm a-ra ar-maen*, la pierre bruit. C'est le *rombo* des Italiens, et le *bromos* des Grecs.

FROTTEMENT, FROTTER. Le son radical de ces mots est propre, comme on peut le voir, à tous les froissemens, à tous les frémissemens de la nature; il convient également pour exprimer l'action que ces termes figurent, et il rappelle très-bien le bruit dont elle est ordinairement accompagnée.

FROUER. Un soufflement tremblotant de la chouette a servi de type à cette Onomatopée, qui est d'usage parmi les chasseurs pour indiquer l'action de siffler à la pipée, ce qui se fait communément en plaçant entre les lèvres une feuille ployée qui étouffe le son, et qui le module.

G

GALOP, GALOPER. Nicod conjecture très-plausiblement que ces mots sont faits par

Onomatopée du bruit des chevaux qui *galopent;* mais je ne saurais convenir avec lui et avec certains Etymologistes qui ont partagé son opinion, que le mot *haquenée* ait été immédiatement formé sur une racine naturelle de la même espèce. Le *haca* des Castillans, et le *faca* des Aragonais dont on le fait dériver, descendent probablement comme lui du latin *equus*, qui a produit *equina*, et en vieux français *haquet* et *haquenée*. Coquillard a dit :

Sus, sus, allez vous en, jaquet,
Et pansez le petit *haquet*,
Et lui faites bien sa litière.

C'est aussi l'opinion de Ménage.

GARGARISER, GARGARISME. Cette Onomatopée est purement grecque, *gargarizo*, *gargarismos*. Elle est formée du bruit d'un remède liquide dont on se lave la bouche et l'entrée du gosier. Les Grecs disaient aussi, dans un sens assez analogue, *gargalisein*, et *gargalismos*, *titillare*, *titillatio*.

Elle est d'ailleurs commune à la plupart des Langues. En hebreu, *garghera* signifiait le *gosier;* il se dit *gargareon* en grec, et *gorzaillen* en celto-breton : la même initiale caractérise encore assez universellement, et avec peu de modifications, les noms qu'on a donnés à cette partie, soit chez les Latins qui l'appellent *jugulum*, soit chez les Italiens qui l'appellent *golla*, soit chez les Allemands qui l'appellent *khéle* ou *ghéle*, soit chez les Espagnols qui l'ont appelée *garganta*. Rabelais n'a fait que transporter en espagnol le nom de son *grandgousier*, pour en faire celui de *Gargantua*, qu'il s'amuse à expliquer autrement par un quolibet. Le nom même de *gargamelle* se prend pour la gorge ou le gosier, dans la Langue du peuple, et Hauteroche l'a employé à cet usage.

On disait autrefois *esgargaté* de crier, d'un homme qui avait une extinction de voix.

* GARGOUILLE. « *Gargouille*, dit Nicod, est
» ce petit canal de pierre ou d'autre chose,
» issant en forme de couleuure ou d'autre
» beste, hors d'oeuvre, au dessous des
» couuertures des églises, et tels autres
» bastimens pour jetter au loing l'eaüe
» pluviale qui en descend. Le nom est

» par Onomatopée du *gargouillis*, et » bruit que l'eaüe fait courant par telles » *gargouilles* ».

Marot a pris ce mot pour grosses bouteilles desquelles le vin s'écoule avec abondance, à la manière de l'eau qui tombe des *gargouilles*, et avec un bruit pareil :

Semblablement le gentil Dieu Bacchus
M'y amena, accompagné d'andouilles,
De gros jambons, de verres, de *gargouilles*.

GAZOUILLEMENT, GAZOUILLER. Ces mots sont tirés du chant des oiseaux, dont ils expriment assez bien l'harmonieux babillage, qui est le *susurrus*, le *garritus*, le *lene murmur* des Latins. Mais employés jusqu'à satiété par nos Poëtes pastoraux, et cousus depuis deux siècles, aux plus misérables bouts-rimés de la Langue, ils ont perdu toute leur grace et toute leur fraîcheur, et sont tombés dans la classe des lieux communs les plus fastidieux. Il y a certaines de ces expressions et de ces tournures qui, inventées d'abord par une riche imagination, et prostituées depuis à tous les usages, sont devenues aussi fades et aussi importantes qu'elles étaient autrefois vives et ingénieuses (1). Avançons une idée vraie qui n'a que l'apparence d'un paradoxe. Un méchant écrivain porte plus de dommage à la Langue dans laquelle il écrit que le plus beau génie ne lui fait d'honneur. C'est la harpie qui souille tout ce qu'elle touche, et dans ses mains tout se fane et se décolore.

GEAI. En grec, *karakaxa*, en Latin ancien

---

(1) Une figure nouvelle est pleine de charme, parce qu'elle donne à l'idée un point de vue nouveau. Une figure rebattue, devenue lieu commun, n'est plus que le froid équivalent du sens propre. On doit donc éviter de prodiguer les figures dans une Langue usée. Elles ne présentent plus qu'un faste insipide de paroles et de tours. Le style purement descriptif sera dès-lors préférable au style figuré, parce que le sens figuré avait fait oublier quelque temps le sens propre, et que celui-ci paraît nouveau. L'aurore aux doigts de roses, qui ouvre les barrières du matin, et dont les pleurs roulent en perles humides sur toutes les fleurs, offre sans doute une image heureuse et brillante; mais on produira beaucoup plus d'effet aujourd'hui en peignant le soleil à son lever, rougissant d'une lueur encore incertaine le sommet des hautes montagnes, les vapeurs de la plaine qui se dissipent, les contours de l'horizon qui se dessinent sur le ciel éclairci, et les fleurs qui se penchent sous le poids de la rosée.

garrulus, et de là *garrire*, en latin barbare *gaius*, en espagnol *gayo*, *cayo*, en catalan *gaitg*, *gralla*, en italien *ghiandaja*, en allemand *jack*, en polonais *soika*, en suédois *not-skrika*, en anglais *jay*, *ia*, *ia*, en français dans differens lieux et dans différens temps *jay*, *gay*, *jayon*, *gayon*, *jaques*, *jaquot*, *jacuta*, *girard*, *richard*, *gautereau*.

« Leur cri ordinaire est très-désagréable, » dit M. de Buffon, et ils le font entendre souvent. Ils ont aussi de la disposition à contrefaire celui de plusieurs » oiseaux qui ne chantent pas mieux, tels » que la cresserelle et le chat-huant. S'ils » aperçoivent dans le bois un renard ou » quelqu'autre animal de rapine, ils jettent un certain cri très-perçant, comme » pour s'appeler les uns les autres, et on » les voit en peu de temps rassemblés en » force, et se croyant en état d'en imposer par le nombre, ou du moins par » le bruit. Cet instinct qu'ont les *geais* » de se rappeler, de se réunir à la voix » de l'un d'eux, et leur violente antipathie contre la chouette, offrent plus d'un » moyen pour les attirer dans les piéges,

» et il ne se passe guères de pipée sans » qu'on en prenne plusieurs; car étant » plus pétulans que la pie, il s'en faut » bien qu'ils soient aussi défians et aussi » rusés. Ils n'ont pas non plus le cri na- » turel si varié, quoiqu'ils paraissent n'a- » voir pas moins de flexibilité dans le » gosier, ni moins de disposition à imi- » ter tous les sons, tous les bruits, tous » les cris d'animaux qu'ils entendent ha- » bituellement, et même la parole hu- » maine. Le mot *richard* est celui, dit-on, » qu'ils articulent le plus facilement ».

Ce mot se retrouve parmi les nombreuses Onomatopées dont le cri du *geai* fournit la racine, et de la variété desquelles l'instinct imitatif de cet animal nous donne le motif.

GLAPIR, GLAPISSEMENT. Mots formés d'un bruit aigu, perçant, comme les aigres éclats de la voix d'un animal qui n'est pas adulte, ou le fausset d'une voix discordante et d'un mauvais instrument. En grec *klaggé*, et de là *clangor*.

Glatir et *Glatissement*, ont signifié la même chose. En Picardie, *glay* se dit pour un grand bruit ou pour un grand concours de voix.

Glas ou Glais, c'est le tintement *glapissant* d'une cloche qu'on sonne pour un Ecclésiastique qui vient de mourir.

GLISSER. Du bruit d'un corps qui parcourt rapidement la surface d'un corps *glissant*.

Glace, est un mot formé du même son naturel, parce que la *glace* offre une surface unie, lisse et *glissante*. En breton *clezr*, la *glace*, et *clezra*, *glacer*, dont *glisser* peut bien être fait.

* GLOUGLOTTER. On a inventé ce mot pour exprimer le chant du coq d'Inde, et cette innovation paraît d'autant plus naturelle, que les Langues anciennes ne pouvaient fournir de terme qui présentât la même idée. Je ne vois pas cependant qu'il ait été mis en usage par aucun Ecrivain considéré.

GLOUGLOU. Mot factice qui se tolère aisément dans une chanson bachique, et qui imite à merveille le bruit d'une liqueur qui s'écoule par un canal étroit.

Madame Deshoulières a dit en parlant du vin :

C'est un secours contre plus d'un tourment,
Il n'en est point qui ne cède aisément
Au doux *glouglou* que fait une bouteille.

On se rappelle le couplet de Sganarelle dans *le Médecin malgré lui* :

> Qu'ils sont doux,
> Bouteille jolie,
> Qu'ils sont doux
> Vos petits *glouglous*.
> Mais mon sort ferait bien des jaloux,
> Si vous étiez toujours remplie !
> Ah, bouteille ma mie,
> Pourquoi vous videz-vous ?

Bilbit amphora, dit Dumarsais ; c'est la petite bouteille qui fait *glouglou*.

GLOUTON, GLOUTONNERIE. Un signe presque certain que tel mot est tiré d'un son naturel, c'est sa reproduction dans un grand nombre de Langues. Ainsi, *glouton* qui s'est dit *glous* en vieux français, s'est dit *glwth* en celtique, *glout* et *gloict* en breton, *gluto* dans la basse latinité, *ghiottone* en italien, et *gluttonous* en anglais.

Ces Onomatopées sont formées d'après le bruit que font les alimens avidement *engloutis* par un homme affamé, et de là ENGLOUTIR, qui est d'une acception plus noble et plus étendue.

GORET. C'est un nom du cochon, fait de son grognement. *Gronder*, se dit *gorren* en Langue flamande.

Le cochon s'est d'ailleurs appelé en grec *khoïros*, en georgien *gorri*, en latin *gorretus*, en italien *verro*. Sur ce dernier mot et sur notre mot *veyrat*, on se rappellera que l'initiale *g* s'est souvent confondue avec le *v* dans les Langues, et que cette différence ne peut constater deux espèces d'étymologie.

En vieux français, la truie se nommait *gorrière*.

L'auteur du Monde primitif prétend que du cri du cochon, animal naturellement bruyant, les Celtes avaient fait *gawri*, qui se prenait pour *clamare*. Je ne sais comment il a pu tomber dans cette erreur, à moins qu'il n'y ait été induit par une faute d'impression ou une mauvaise écriture, et qu'il n'ait cru lire *gawri* dans le mot *garmi* ou *sgarmi*, dont c'est en effet le sens, et dont *garrire* paraît dériver. Les *gawris* ou *gawrics* étaient dans la religion des Celtes des esprits follets, des espèces de *Dusii* qui dansaient autour des monumens. Ce mot est formé de *gawr*, géant, et du diminutif *ic* (1). Cela est fort étranger à l'idée que nous attachons au mot *goret*.

Le terme celtique qui signifie *cochon*, est une Onomatopée prise de son grognement, *oc'h*, ou bien *ouc'h*, en observant que le *c'h* est aspiré, et se prononce d'une manière gutturale. Et de là, *coc'h*, *stercus*, dont le mot français *cochon* est incontestablement tiré.

GOULOT. Du *glouglou* de la bouteille, c'est-à-dire, du bruit que fait le vin en traversant son *goulot*, on a fait ce dernier mot qui est fort peu en usage.

Regnier a dit *goulet* dans sa plaisante description des meubles d'une courtisane :

Du blanc, un peu de rouge, un chiffon de rabat,
Un balet, pour brusler en allant au sabat,

---

(1) C'est l'opinion de M. de Roujoux. Dom Lepelletier écrit *coric* qui signifie *petit nain*. On pourrait penser que *gawric* est fait de *gawr* dans son sens le plus ordinaire, *élevé*, *supérieur*, et désigne très-bien alors les intelligences secondaires, les génies et les fées, *Gawric*, petite puissance, ou bien il est tiré de *gour* ou *gwr* qui s'est dit pour, homme, et signifie alors avec le diminutif un petit homme, un nain, comme on représentait les êtres surnaturels dont il s'agit.

Une vieille lanterne, un tabouret de paille
Qui s'étoit sur trois pieds sauvé de la bataille,
Un barril défoncé, deux bouteilles sur cu
Qui disoyent sans *goulet* : nous avons trop vescu.

La bouteille s'appelle en hébreu *bacbuc*, qui est une autre Onomatopée du bruit qu'elle fait quand on la vide. C'est de là que la prêtresse de la dive bouteille a pris son nom dans Rabelais.

GOUTTE. Ce mot est formé du son naturel, du bruit que produit un liquide qui tombe *goutte* à *goutte*.

L'eau qui tombe *goutte* à *goutte*
Perce le plus dur rocher.

GRAILLEMENT, GRAILLER. *Graillement* se dit du son d'un cor usé, rompu, enroué, dont on se sert pour rappeler les chiens. C'est une nuance de *râlement*, ou plutôt, c'est *râlement* dont on a mouillé l'*l*, et qu'on a précédé d'un son guttural et *criard*, pour exprimer l'aigreur de l'airain fêlé.

GRATTER. Du bruit des griffes ou des ongles contre les corps dont ils attaquent la superficie. *Egratigner* en est le diminutif.

GRÊLE, GRÊLER. Un bruit sec, un peu aigre, un peu retentissant qui accompagne la chute de la *grêle*, a déterminé son nom. Il faudrait pour en douter n'avoir jamais entendu la *grêle* frapper le verre en glissant, ou rouler sur l'ardoise qui résonne, en la faisant rebondir.

En latin, c'est *grando*, *grandine* en italien, *granizo* en espagnol, *grizill* en celtique, où de la racine *grill* se forment, en général, les noms des choses bruyantes.

GRESIL, qui se dit d'une petite *grêle*, fort menue et fort dure, est immédiatement tiré de ce dernier mot.

GRELOT. Petite boule creuse en métal où l'on enferme quelques corps durs, et qui fait l'office de sonnette quand on l'agite.

C'est le *crotalum* des Latins, mais ce n'en est point une contraction, comme on l'a dit. *Grelot* est un mot factice de la même construction et de la même racine que le *Drelin* du *Malade imaginaire*.

GRELOTTER, qui est l'action de heurter les dents quand on éprouve un grand froid, en a été trivialement formé, parce que ce choc imite celui des petits corps que contient le *grelot*.

GRENOUILLE. Du râlement désagréable et prolongé de cet ovipare, les Latins ont fait *rana*, *ranula*, et même *ranunculus*, qui est employé par Cicéron. Ces mots sont devenus le type de la plupart de ses noms modernes, et entr'autres de celui que nous avons adopté, quoiqu'il en paraisse d'abord plus éloigné qu'aucun autre. Le *batracos* des Grecs a eu moins de dérivés.

Il ne faut pas omettre que dans quelques-unes de nos provinces les mots *rane*, *raine* et *rainette* se prennent populairement pour *grenouille*. Or, si l'on pouvait douter que *rana* fût formé par le procédé imitatif, j'ajouterais une remarque qui me paraît démonstrative ; c'est que dans ces mêmes provinces où *rainette* signifie *grenouille*, ce mot a un homonyme aussi étranger que lui à notre Langue, et qui se dit de l'instrument qu'on appelle plus régulièrement *cresselle*. Entre l'une et l'autre de ces expressions, et les bruits dont elles sont tirées, la conformité est si frappante, que je ne crois pas qu'il y ait une identité d'étymologie plus claire et plus authentique.

GRESILLEMENT, GRESILLER. On entend par *gresillement* le pétillement d'un reste de parties grasses, qui se trouvent dans la peau, le vélin, le parchemin que l'on brûle, et le froncement, le racornissement un peu bruyans qui l'accompagnent. Ces mots me paraissent trop bas pour devoir être employés sans nécessité.

GRIFFE. De *griffe*, qui est pris de l'éraillement d'un corps plus ou moins solide, et particulièrement d'une étoffe sous les ongles pointus et recourbés d'un animal, on a composé,

AGRIFFER, saisir quelque chose avec les *griffes*,

GRIFFER, déchirer d'un coup de *griffe*,

GRIFFADE, blessure que les oiseaux onglés font avec leurs serres,

GRIFFON, oiseau de proie fabuleux,

GRIFFONNER, écrire mal, dessiner grossièrement,

GRIFFONNAGE, écriture incorrecte et illisible,

* GRIFFONNEMENT, terme qui n'est point français, mais qui est d'usage parmi les Artistes, pour signifier une esquisse à la plume, ou même un genre de gravure mis en réputation par Rembrandt et Ro-

main Dehooge, et dont les traits confus et bizarres, mais chauds et hardis, ont l'air d'être formés à coups de *griffes*,

GRIFFE, outil de serrurier ou de tourneur, qui a la forme d'une *griffe*, ou plutôt qui en a l'usage.

Cette Onomatopée est commune à beaucoup de Langues. On lit ce portrait de Cerbère au sixième chant de l'Enfer du Dante :

Cerbero, fiera, crudele e diversa,
Con tre gole caninamente latra
Sovra la gente, che quivi è sommersa.
Gli occhi a vermigli, e la barba unta, e atra,
El ventre largo, e unghiate le mani.
Graffia *gli spirti, gli scuoja, ed isquatra.*

GRIGNOTER. Ce mot se dit bassement de l'action de ronger lentement et avec quelque effort un aliment dur. De là,

GRIGNON, morceau de pain sec et très-cuit, qui crie sous la dent.

Il est rare de voir employer *grignoter* à propos de mets doux et pulpeux, comme dans cet exemple qui est tiré de M. de Parny :

Une source dans ton verger
Jaillit avec un doux murmure,

Et son eau bienfaisante et pure
Te désaltère sans danger.
La faim te presse et te fatigue ?
De ton figuier mange le fruit,
Et ne va pas durant la nuit
Du voisin *grignoter* la figue.

Cet exemple pourrait prouver aussi que le talent a le privilége de tout ennoblir, mais je ne crois pas que personne se hasarde à en renouveler l'essai sur cette expression, assez justement dédaignée.

GRUGER, qui se prend dans le même sens, en est un augmentatif.

GRILLON. Du petit tintement argentin qui caractérise cet insecte, et que les Entomologistes croient provenir de deux membranes, tendues en forme de tymbales, qu'il frappe vivement et presque sans relâche.

Le *grillon* s'est nommé *grillos* en grec, *grillus* en latin, en espagnol et en italien *grillo*, en allemand *grille*, et en anglais *criket*.

Les Méthodistes français ont transporté ce dernier nom imitatif à une autre espèce de coléoptères qui a beaucoup de rapports avec la sauterelle, mais qui ne se fait remarquer par aucun bruit naturel que cette Onomatopée puisse désigner.

GRINCEMENT, GRINCER. Du frottement convulsif et bruyant des dents, qui se fait entendre dans la douleur, la colère, la rage et le désespoir.

Les Allemands ont *greinen*, et les Italiens *digrignare*.

Le *trismos* des Grecs, qui a tant d'analogie avec notre mot *crissement*, est une belle Onomatopée. Ils disaient aussi *grusein*, pour, *pousser des cris de douleur*, des cris accompagnés de *grincemens*.

Dans la belle description du Jugement dernier, qui se lit dans une des tragédies de Schiller, les réprouvés sont peints *grinçant* leurs dents, et les faisant bruire comme des dents de fer.

L'Evangile désigne en ces mots l'enfer et les tourmens des damnés. *Ibi erit fletus et stridor dentium*. Là seront les pleurs et les *grincemens* de dents.

GRIVE. M. de Buffon, en peignant le plumage de cet oiseau, dit que ce mot *grivelé* qu'on emploie ordinairement pour donner une idée de la variété de ses nuances, est visiblement formé du mot *grive*, qui l'est lui-même du cri de la plupart des oiseaux de ce genre.

Ménage aperçoit l'Onomatopée dans le mot *grive*, et cependant il aime mieux la faire venir de son dérivé *grivelé*. L'opinion de M. de Buffon n'en est pas moins incontestable.

GROGNEMENT, GROGNER, GROGNEUR. Ces expressions sont faites du cri du pourceau, et ont des équivalens de même construction dans la plupart des idiomes connus.

En grec *grullé*, *grullismos*; et le porc, *grullos*; en latin *grunnitus*, *grunnire*.

* GROGNARD, GROGNON, ne se disent point, quoique usités familièrement par des Ecrivains recommandables. Jean-Jacques Rousseau, en racontant une espieglerie qu'il fit dans son enfance à une nommée madame Clot, ajoute que ce souvenir le fait encore rire, parce que cette voisine, bonne femme au demeurant, était bien la vieille la plus *grognon* qu'il eût connue de sa vie.

GROMMELER. Ce mot a rapport à l'action de gronder sourdement et entre les dents. Il est fait d'un certain grognement des chiens hargneux.

Grumeler, s'est pris dans le même sens en vieux langage, comme dans ces vers de la farce de Gringore :

> Je me dis mère sainte église,
> Je veux bien qu'un chacun le note
> Je mauldis, anathématise;
> Mais sous l'habit pour ma devise
> Porte l'habit de mere sote,
> Bien scay qu'on dit que je radote,
> Et que suis folle en ma vieillesse;
> Mais *grumeler* vueil à ma porte
> Mon fils le prince en telle sorte
> Qu'il diminue sa foiblesse.

GRONDEMENT, GRONDER, GRONDERIE, GRONDEUR. La racine de ces mots est prise dans un murmure plus noble que celle des précédens, et on les admet dans un style plus élevé.

Le substantif *gronderie* ayant été créé pour un usage figuré, j'ai cru pouvoir hasarder *grondement* qui me paraît indispensable pour représenter le bruit de la foudre, et celui d'une mer lointaine.

GROIN. Du cri ordinaire du porc.

Voltaire regrette qu'on ait perdu le vieux verbe *grouiner*, qui exprimait le même bruit.

GRUAU. Du bruit d'un grain que le moulin rompt et concasse.

GRUE. Cet oiseau, dont le nom est formé d'après son cri, est le *ghéranos* des Grecs, et le *grus* des Latins. Les Italiens l'appellent *gru* et *grua*, les Espagnols *grulla* et *gruz*, les Allemands *krane* et *kranich*, les Anglais *crane*, les Anglo-Saxons *crane* ou *croene*, les Suisses *krie*, les Suédois *trana*, les Danois *trane*, les Illyriens *gerzab*; en Gallois, c'est *garan*, et en Celtique, *gru*. Bochart pense que c'est l'*agur* de Jérémie; et la ressemblance de ce nom avec presque tous les noms de la *grue*, semble confirmer cette idée, quoiqu'il soit exprimé autrement dans la Vulgate.

L'excellent traducteur Legros a partagé l'opinion de Bochart. « La cicogne, dit-il, connaît dans le ciel quand son temps » est venu. La tourterelle, l'hirondelle et » la *grue* savent discerner la saison de » leur passage, mais mon peuple n'a point » connu le temps du jugement du Sei» gneur ».

Une observation pleine d'intérêt, et qui prouve que les articulations de la voix de la *grue* ont toujours passé pour avoir quelques rapports avec celle de la voix humaine, c'est que les Commentateurs pensent que si certains Poètes ont appelé cet oiseau l'oiseau de Palamède, cela vient de ce qu'outre l'ordre de bataille et le mot du guet, Palamède en avait appris quatre lettres grecques.

* GRULLER. M. Court de Gébelin prend cette mauvaise expression dans deux sens sous lesquels il la trouve également imitative. Dans le premier, elle signifie *trembler de froid;* dans le second, *ébranler un arbre* pour en faire tomber les fruits. Il est vrai que le peuple l'emploie ainsi, mais elle n'était pas digne d'être *francisée*. Sous le premier de ces rapports, elle n'est que l'augmentatif ou la contraction du verbe *grelotter;* sous le second, elle n'est que le verbe *crouler,* corrompu.

Crolement ou *Grolement,* se dit aussi très-bassement d'un tremblement spasmodique de la tête, qui a lieu chez les vieillards et chez ceux qui sont sujets aux affections nerveuses. Ce terme me semble fait du même verbe *gruller* sous sa seconde acception, parce que ce tremblement ressemble à celui d'un arbre agité, dont la tige *vibre* long-temps.

GUÊPE. Du latin *vespa*, écrit, selon ses premières racines, avec la voyelle *ou* initiale, remplacée successivement, comme cela se remarque dans les Langues, par la dento-labiale *v*, et la gutturale *g*, si sujettes à se confondre. Le son typique était l'Onomatopée du vol bruyant de la *guêpe*.

* GUIORER. Terme inusité qui est fait du cri naturel de la souris.

Davies rapporte *gwichio, strepere*. Selon quelques Savans, *gwicha* s'est dit en Langue celtique pour, se plaindre à la manière des petits oiseaux. *Gwigoura*, c'est faire un petit bruit comme une porte qui roule sur des gonds rouillés. Ces bruits ont rapport à celui que ce mot représente, et sont exprimés d'une manière assez semblable.

H

HACHE. On a cherché fort loin l'étymologie de ce mot. Elle est dans le son naturel, dans l'aspiration forte et profonde, dans l'ahan pénible qui marque les efforts d'un bucheron.

L'initiale *h*, si nulle dans la plupart

des mots, est singulièrement caractéristique lorsqu'elle est aspirée, et les Onomatopées qui expriment les divers accidens de la respiration de l'homme, lui sont, presque toutes, redevables de leur énergie.

* HAHALIS. De *hahé*, cri de chasse, dont on se sert pour arrêter les chiens qui prennent le change ou qui s'emportent trop, ou bien de l'éclat tumultueux de la voix des chasseurs, et des retentissemens de l'écho, on a composé cette expression, d'ailleurs peu connue et restreinte dans son usage, à l'acception pour laquelle elle a été inventée.

HALETER. Je ne m'attacherai point à démontrer que le mot *haleine* et certains autres qui en dépendent, sont faits par Onomatopée de l'émission de l'air dans l'acte de la respiration. Cela me paraît bien établi, et je n'aurais point rejeté ces expressions, s'il n'avait pas été de mon projet de réunir seulement celles qui conservent un caractère d'imitation évident, sans m'occuper de celles qui l'ont perdu, et dans lesquelles le son radical se cache parmi des sons étrangers.

Le mot qui fait le sujet de cet article, est sensiblemnt formé du bruit d'une respiration pressée, entre-coupée et violente. L'*anhelare*, et mieux encore le diminutif *anhelitare* des Latins, ont le même type.

HAPPER. Saisir quelque chose avidement, et avec une forte aspiration qui marque l'impatience ou le desir.

Il y a de certaines terres et de certains métaux qui *happent* la langue dès qu'on l'applique sur leur surface, et, par exemple, l'argille et toutes les agrégations alumineuses. Cet effet est produit par une absorption rapide de la salive qui met en contact plus parfait la peau de la langue et la terre qu'elle essaye. Ce mot semble spécialement fait pour représenter la sensation tenace et subite dont je parle, quoique la rapidité monosyllabique de sa racine le rende d'ailleurs très-pittoresque dans grand nombre d'occasions.

HARPE. Je conjecture que ce mot est fait par Onomatopée du son des cordes de la *harpe*, rassemblées en grand nombre sous les doigts, et ébranlées simultanément.

Quoi qu'il en soit, le nom de la *harpe* a très-peu varié dans les Langues modernes. Les Anglo-Saxons l'ont appelée *hearpa*, les Allemands *herp* et *harf*, les Anglais *arp*, et les Italiens *arpa*.

* HARPER, est un vieux terme encore employé par Molière et par Sarrazin, pour, *prendre*, *saisir*, *dérober*. Il semble que le peuple, dont toutes les expressions présentent d'ordinaire des images vives et singulières, s'est emparé de cette racine pour l'appliquer aux actions qui exigent un grand développement de la main, comme dans les exemples auxquels je renvoie. L'*arpax* des Grecs, dont le *rapax* des Latins est le parfait équivalent, à une petite transposition près, et tous les mots qui en dérivent, n'ont pas dû être autrement construits, quel que soit l'instrument ou l'objet qui en a fourni le son radical.

On disait *harpaille* en vieux langage, d'une troupe de brigands et de maraudeurs, comme dans ces vers tirés des *Vigiles* de Charles VII.

Illecques et à saincte Ermine
Appartenant à feu Tremouille,
Avoit grande *harpaille* et vermine,
Ne n'y demeuroit coq ne poule.

On a vu à ce sujet, dans la préface de cet ouvrage, ce que j'ai dit de la lettre *h*, considérée comme signe figuré d'une rapacité avide et impatiente (1). Ces appli-

(1) Il y en a beaucoup d'exemples dans le latin.

Halosis, pillage, dilapidation.

Hama, un croc.

Hamare, harponner.

Hamus, un hameçon.

Harpa, un vautour, et puis, la *harpe*, l'instrument de musique dont les cordes sont saisies avec toute la main.

Harpaga, un hérisson, un grappin, un avare.

Harpagare, prendre de force.

Harpastum, un ballon qu'on cherchait à s'arracher en jouant, et dont il est question dans Martial.

Harpax, l'ambre qui attire la paille.

Harpe, un oiseau de proie.

Harpia, la harpie aux mains crochues.

Haurire, avaler, engloutir.

Haustrum, instrument à puiser de l'eau.

Helluo, un glouton.

Helluari, absorber, avaler, dévorer.

Helveus, qui a la bouche ouverte et prête à saisir sa proie.

Hera, la fortune qu'il faut saisir au passage.

Heres, le hérisson, l'animal hérissé de pointes qui saisissent et déchirent.

cations particulières sont à l'appui de mon opinion.

Hiare, ouvrir la bouche.

Hiera, l'épilepsie, mal qui envahit, qui saisit, qui absorbe.

Hippæ, les cancres, les écrevisses aux pattes armées de crochets.

Hirudo, la sangsue. *Non missura cutem nisi plena cruoris.*

Hiulcus, avide, intéressé.

Humare, enterrer, cacher sous la terre.

Humus, la terre dévorante, qui consume tous les corps privés de vie.

Hyphæar, la glu, matière qui happe, qui attache, etc.

Il serait sans doute ridicule d'avancer que la construction de ces mots compliqués n'a eu d'autre base que l'initiale. Rien n'est plus facile que de remonter à leurs racines naturelles, desquelles disparaîtrait cette lettre, qu'on peut regarder comme très-moderne relativement aux temps et au langage primitifs. Mais il serait plus absurde de dire qu'elle a été attachée à ces expressions sans motif, et je pose en principe que le motif qui en a déterminé l'emploi, c'est son caractère, son esprit, l'idée d'avidité qu'elle réveille toutes les fois qu'on l'aspire. Les caprices de la prononciation et de l'écriture ont pu la transporter dans d'autres mots auxquels elle n'a point donné ce sens; mais ces mots seront en très-petite quantité, et les exceptions ne prouvent pas plus ici qu'ailleurs.

Raper, *Rapt*, sont faits de *harper* par métathèse.

HENNIR, HENNISSEMENT. Mots formés du cri des chevaux, et qu'on ne peut prononcer sans se rappeler ces beaux vers de M. Delille :

Plus loin, fier de sa race, et sûr de sa beauté,
S'il entend ou le cor, ou le cri des cavales,
De son sérail nombreux *hennissantes* rivales,
Du rempart épineux qui borde le vallon,
Indocile, inquiet, le fougueux étalon
S'échappe, et libre enfin, bondissant et superbe,
Tantôt d'un pied léger à peine effleure l'herbe,
Tantôt demande aux vents les objets de ses feux,
Tantôt vers la fraîcheur d'un bain voluptueux,
Fier, relevant ses crins que le zéphir déploie,
Vole, et frémit d'orgueil, de jeunesse et de joie.

Les Latins avaient cette Onomatopée. On lit dans Virgile au troisième livre des Géorgiques :

Talis et ipse jubam cervice effudit equinâ
Conjugis adventu pernix Saturnus, et altum
Pelion hinnitu *fugiens implevit acuto.*

Tel, Saturne surpris dans un tendre larcin,
En superbe coursier se transforma soudain,
Et secouant dans l'air sa crinière flottante,
De ses *hennissemens* effraya son amante.

C'est le *c'hwirina* des Bretons. Davies écrit *chwyrnu*. Il traduit le mot *Rhingc* qui y a rapport, par *stridulus*, ou *sonus stridens*.

L'ingénieux auteur du roman de *Gulliver* a tiré du même son radical le nom factice de *houyhinms*, pour désigner un peuple de chevaux.

HEURT, HEURTER. Du choc rude et brusque de deux corps durs.

HISSER. Hausser une vergue, la faire monter au haut du mât, au commandement de *hisse, hisse*.

Ces mots sont pris du bruit de la vergue quand on la relève; et du frémissement de la voile quand on la froisse.

HOQUET. Du bruit d'une *inspiration* subite, courte et convulsive.

Les Latins ont dit *singultus*, les Anglais *hicket* et *hiccough*, les Flamands *hick*, les Celtes *hak*, et *hic* ou *ig*, rapportés par Lepelletier et Davies.

Un Etymologiste cherche l'origine de ce mot dans l'hébreu *enka*, qui veut dire *sanglot*. Il est probable que ces différentes expressions sont de la même racine.

HORREUR. *Horror*. Ce mot est une Onomatopée qui représente l'impression que produisent sur nous les objets épouvantables. De là,

HORRIBLE, ce qui fait *horreur*,

ABHORRER, avoir en *horreur*.

HUÉE, HUER. *Huée* se dit d'une clameur de désapprobation qui s'élève dans les assemblées nombreuses, et dont ce mot est formé très-imitativement.

On employait autrefois *hus*, *hüe*, et *huyer* dans le même sens.

HULOTTE. En latin et en italien *ulula*, en allemand *huhu*, en anglais *howlet*.

Ces noms de la *hulotte* lui viennent de son cri sinistre. Le *bubo* des Latins, dont nous avons fait peu imitativement le mot *hibou*, procède de la même analogie.

* HULULER, est un verbe que des Ecrivains en petit nombre ont cru pouvoir tirer du gémissement de la *hulotte*, pour une foule d'acceptions auxquelles le verbe *hurler* paraît moins propre. Cette Onomatopée singulièrement précieuse n'a pas été dédaignée dans la Langue latine, et enrichirait la nôtre.

HUMER. Avaler quelque chose avec une aspiration forte et tout d'une haleine.

Le vieux mot *super,* qui a la même valeur, ne se dit plus qu'en quelques provinces. On peut conjecturer que le mot *soupe* était fait de la même racine, et cela d'autant plus probablement, que, suivant Ménage, *super* signifie *humer du bouillon.*

HUPPE, ou PUPU. Les deux noms de cet oiseau sont l'effet d'une controverse assez oiseuse parmi les Etymologistes. On se demande si le premier lui a été donné en raison de la huppe élégante dont sa tête est ornée, ou s'il est une simple traduction un peu contractée de l'*upupa* des Latins, qui était dérivé du cri ordinaire de l'animal. On est aussi embarrassé sur le second, que les uns regardent comme l'expression de ce cri, et les autres comme une dénomination odieuse par laquelle nos aïeux désignaient la *huppe*, à cause de la saleté qu'on lui reproche. Quant à moi, je suis porté à croire que Belon s'est trompé en faisant venir le nom de la *huppe* de cette touffe de plumes qui la caractérise, et je partage l'opinion de Ménage qui regarde au contraire le mot *huppe* dans cette dernière signification, comme dérivé du nom de l'oiseau qni l'est lui-même de son cri.

Aristophane s'est amusé à imiter la voix de la *huppe* dans ces mots factices : *epopoë, popopo, popoë, jo, io, ito, ito, ito, ito.*

Cette Onomotapée se retrouve chez tous les peuples ; c'est l'*epops* des Grecs, le *bubbola* des Italiens, le *pôpa* des Portugais, le *hoppe* des Flamands, le *hoop* et le *hoopof* des Anglais, le *popp* des Suédois, etc. Nous avons dit *pupeput, pepu* et *pipu.*

HURLEMENT, HURLER. Heureuses Onomatopées du cri des loups et des chiens effrayés.

> Tel un loup furieux, de butin affamé,
> Qu'on chasse, encore à jeun, d'un bercail alarmé,
> *Hurle* les longs regrets de sa rage impuissante,
> Se retourne en grondant, et mord la proie absente.

Cette nuance a échappé à la Langue latine, puisque les mots *ululatus* et *ululare* sont plus propres à exprimer des bruits coulans et modulés que le roulement rauque et effroyable que ceux-ci représentent. C'est pourquoi le verbe *huluer* serait une innovation avantageuse à notre Langue. Les Italiens qui usent d'*ur-*

lare et d'*ululare*, suivant les occasions, ont bien senti le prix de cette modification, toute légère qu'elle paraisse. *Voyez* le Dante, parlant de la pluie de feu qui dévore les damnés dans le troisième cercle :

> Urlar *gli fa la pioggia, come cani :*
> *Dell'un de' lati fanno all'altro schermo.*
> *Volgonsi spesso i miseri profani.*

Et concluons de là que nous avons traduit l'*urlare* des Italiens, et non pas l'*ululare* des Latins, qui est cependant susceptible d'un aussi grand nombre d'applications, et qui est au moins aussi noble et aussi harmonieux.

Rabelais a dit *ullement* dans ce passage de Pantagruel : « Le grand effroi et vacarme principal provient du deuil et » *ullement* des diables, qui là guettans » péle mélle les paovres ames des blessez, » reçoipvent coups d'épées à l'improviste, » et pastissent solution en la continuité » de leurs substance aerée et invisible, » ... puis crient et *ullent* comme diables ».

J

JAPPEMENT, JAPPER. Ces mots se disent

pour *aboiement* et *aboyer*, en parlant des petits chiens et des renards.

Les Celtes ont dit *chilpa*, *japper*, *chilpaden*, *jappement*.

K

KAKATOÈS. Le nom de cette belle espèce de perroquet est formé de son cri.

Klein et Seba en ont fait *kakatocha*, Edwards et Albin, *cokcatoo*, Brisson, *catacua*, et on l'appelle en certains endroits, *cacatou*.

L

LAPPER. Saisir avec la langue, boire à la manière des renards et des chiens. On croirait que c'est le mot *happer* privé de la forte aspiration qui le caractérise, et augmenté d'une lettre linguale qui en détermine la nouvelle acception.

Compère le renard se mit un jour en frais,
Et retint à dîner commère la cigogne ;
Le repas fut petit, et sans beaucoup d'apprêts.
Le galant pour toute besogne
Avait un brouet clair (il vivait chichement).
Ce brouet fut par lui servi sur une assiette ;
La cigogne au long bec n'en put attraper miette,
Et le drôle eut *lappé* le tout en un moment.

Cette expression n'est pas tout-à-fait particulière à notre Langue; le mot *lap* se retrouve dans la Langue celtique, et on pourrait en faire descendre assez naturellement les mots *lepus* et *lapin*.

LÉCHER. Du bruit de la langue traînée sur la superficie d'un corps qu'elle suce ou qu'elle nettoie.

C'est le *leïchèin* des Grecs, le *lingere* des Latins, le *lecken* des Allemands, le *leccare* des Italiens.

Ajouterai-je, à propos de ce dernier terme, que les Italiens en ont fait *il lecchino*, le gourmand, le *lécheur* de plats; et d'*il lecchino*, *al lecchino*, qui est devenu l'*arlequin* de nos théâtres; plaisante méprise d'un érudit qui, sur la foi d'un jeu de mots d'*arlequin*, fait dériver son nom de l'illustre famille de Harlay!

LORIOT. De vieux Lexicographes prétendent que cet oiseau est ainsi nommé, parce qu'il semble articuler ce mot dans son chant. Ce qu'il y a de certain, c'est que les Grecs, et, d'après eux, les Latins, l'ont appelé *chlôrion*, dont le nom français du loriot dérive d'autant plus incontestablement, qu'on a dit autrefois *lorion*. Or, le mot *chlorion* a dû être tiré de *chloros*, *viridis*, *herbidus*, *luteus*, *flavus*; et comme ces termes désignent une des deux couleurs du *loriot*, on pourrait penser avec Schrevelius que le nom de cet animal est fait *ex colore*. C'est donc une Onomatopée un peu douteuse.

LOUP. En grec *lukos*, en latin *lupus*, en italien *lupo*, en espagnol *lobo*, en allemand et en anglais *wolf*, en suédois *ulf*.

Il paraît évident que ces noms ont été construits imitativement d'après le hurlement du *loup*. Le nom latin du renard, et quelques-uns de ses noms modernes, ont le même type.

Il paraît qu'on a écrit autrefois *lou*, comme en ces vers de Saint-Amand parlant des anciennes épées sur lesquelles était gravé un *loup*, et qui étaient recherchées pour leur bonté :

> Sa vieille rapière au vieux *lou*,
> Terreur de maint et maint filou.

Je suis cependant porté à croire que c'est une simple licence que Saint-Amand a pratiquée pour l'exactitude de la rime ; car je ne trouve aucun exemple de cette espèce d'ortographe, qui se rapproche beaucoup plus de la construction naturelle, et qui offrirait sous ce rapport une tradition assez précieuse.

M

MIAULEMENT, MIAULER. Du cri ordinaire des chats, de ces éclats désagréables de leur voix, dont Boileau se plaint dans sa satire des *Embarras de Paris*:

Qui frappe l'air, bon Dieu! de ces lugubres cris?
Est-ce donc pour veiller qu'on se couche à Paris?
Et quel fâcheux démon durant les nuits entières
Rassemble ici les chats de toutes les gouttières?
J'ai beau sauter du lit, plein de trouble et d'effroi,
Je pense qu'avec eux tout l'enfer est chez moi.
L'un *miaule* en grondant comme un tigre en furie,
L'autre roule sa voix comme un enfant qui crie.

Quoique Nicod ait écrit *miauler*, il semble qu'on disait autrefois *miaouler*, et certains Grammairiens regrettent cette manière de prononcer qui leur paraît plus imitative. Elle l'est peut-être trop, et j'ai déjà dit que cette recherche excessive d'imitation était fort ridicule quand elle choquait l'harmonie, et qu'elle ne se fondait que sur un cliquetis de sons bizarres et forcés.

MOUE. Il est impossible de prononcer cé mot, sans que la bouche figure ce qu'il signifie, c'est-à-dire, cette espèce de grimace qui est familière aux gens tristes et colères. Le *mœrens*, le *mœstus* des Latins, le *mesto* des Italiens, et sur-tout le *mustio* des Espagnols, doivent appartenir à cette espèce d'Onomatopée. Il résulte d'ailleurs de l'émission du souffle par les narines, quand les lèvres sont closes, comme cela se remarque dans les gens qui font la moue, un petit bruit que les Grecs ont appelé imitativement *mugmos*, et les Latins *mussatio*.

MUFFLE, qui est le nom de la bouche de certains animaux à lèvres alongées et proéminentes,

BOUDER, faire la *moue* par mécontentement,

BOUDERIE, habitude de mauvaise humeur,

BOUDEUR, homme fâcheux, esprit contrariant et chagrin, sont de la même famille et du même effet d'imitation, les initiales de ces trois derniers mots se prononçant sur la même touche.

La Langue Celtique employait *moüa*,

pour, *se fâcher*, et *bouda*, pour, *chuchoter*, *bourdonner entre les dents*. Je n'ai pas besoin d'insister sur ces analogies.

MUGIR, MUGISSEMENT. Belles Onomatopées tirées des cris sourds et prolongés de quelques animaux, ou du bruit des vagues émues par la tempête, ou enfin du cours tumultueux d'un grand fleuve, comme dans ce magnifique tableau de M. Delille :

Sous le ciel éclatant de cette ardente zone,
Montrez-nous l'Orénoque et l'immense Amazone,
Qui, fiers enfans des monts, nobles rivaux des mers,
Et baignant la moitié de ce vaste univers,
Epuisent, pour former les trésors de leur onde,
Les plus vastes sommets qui dominent le monde,
Baignent d'oiseaux brillans un innombrable essaim,
De masses de verdure enrichissent leur sein,
Tantôt se déployant avec magnificence,
Voyagent lentement et marchent en silence,
Tantôt avec fracas précipitant leurs flots,
De leurs *mugissemens* fatiguent les échos,
Et semblent à leur poids, à leur bruyant tonnerre
Plutôt tomber des cieux que rouler sur la terre.

MURMURE, MURMURER. Cette Onomatopée ne varie point dans le grec, dans le latin, dans l'italien, dans l'espagnol, etc.

Ce sont de ces mots que la nature semble avoir enseignés à tous les peuples.

Leur son peint parfaitement à l'oreille le bruit confus et doux d'un ruisseau qui roule à petits flots sur les cailloux, ou du feuillage qu'un vent léger balance, et qui cède en frémissant. Le mouvement vague et presqu'imperceptible des eaux et des bois, élève dans la solitude une rumeur qui interrompt à peine le silence, tant elle est délicate et flatteuse, et c'est de là que les Langues ont tiré ces expressions si harmonieuses et si vraies, que, tous les jours répétées, elles paraissent toujours nouvelles.

> Tout est changé, tout me rassure,
> Je n'entends plus qu'un bruit
> Semblable au doux *murmure*
> D'une onde claire, pure,
> Qui tombe, coule et fuit.

Dans ces vers charmans de Bonneville, toutes les syllabes coulent et *murmurent*.

J'ose croire que nous n'avons point à envier, dans cette circonstance, la prononciation des Latins, si elle était telle que Dumarsais et beaucoup d'autres Grammairiens le présument. En effet, le mot *murmure*, prononcé à la française, est composé de sons plus liquides, et en quelque sorte plus fugitifs que n'étaient ceux de leur *mourmour* et du *mormorio* des Italiens; et l'harmonie un peu emphatique de ces derniers mots, leur fait perdre, selon moi, beaucoup de leur grace et de leur fluidité.

MUSC. Je ne hasarde ce mot au nombre des Onomatopées que sur la foi de M. Court de Gébelin qui le croit formé du bruit que fait le nez en flairant, en aspirant les parfums. Il s'appuie de deux analogies différentes, l'une tirée du Celtique ou d'une Langue analogue dans laquelle il prétend que *mussa* signifie *flairer*, et *musse*, *odeur*; l'autre tirée de l'Ethiopien où ce dernier mot se dit *mez*; mais cette opinion peut paraître un peu hasardée.

Il est du moins certain que les Grecs qui ont appelé le *musc*, *moschos*, ont dit *muzo* dans le même sens que les Latins *musso*, *clausis labris sonum è naribus emitto*; ils ont appelé *muron* certaines odeurs, et l'odeur en général, *murodia*. *Muxoter*, c'est la narine. Le nom du rat, qui est le *mus* des Grecs et des Latins, et à qui l'odeur du *musc* est assez communément propre, pourrait procéder aussi de la même analogie.

Les mots *odeur* et *flairer* se rendent, d'ailleurs, en Celtique par des expressions qui présentent l'Onomatopée très-juste du bruit que fait l'aspiration des parfums : *c'houés* et *c'houesâd*.

O

OIE. « Le cri naturel de l'*oie*, dit M. de » Buffon, est une voix très-bruyante. » C'est un son de trompette ou de clairon, » *clangor*, qu'elle fait entendre très-fré- » quemment et de très-loin; mais elle a » de plus d'autres accens brefs qu'elle ré- » pète souvent; et lorsqu'on l'attaque ou » l'effraie, le cou tendu, le bec béant, » elle rend un sifflement que l'on peut » comparer à celui de la couleuvre. Les » Latins ont cherché à exprimer ce son » par des mots imitatifs, *strepit*, *gratitat*, » *stridet*.

» Soit crainte, soit vigilance, l'*oie* ré- » pète à tout moment ses grands cris

» d'avertissement ou de réclame; souvent » toute la troupe répond par une accla» mation générale, et de tous les habitans » de la basse-cour, aucun n'est aussi vo» ciférant, ni plus bruyant ».

C'est ce cri naturel de l'*oie* qui est devenu son nom dans notre Langue et dans quelques autres. Je crois, du moins, qu'on peut regarder comme des Onomatopées le *chen* des Grecs, dont ils semblent avoir fait *chaino*, *hio*, *dehisco*, parce que le ronflement rauque d'un homme qui dort la bouche ouverte est assez pareil au bruit que fait l'*oie* irritée; le *kaki* de certains Orientaux, le *wazon* des Arabes, le *gwasi* des Celtes, le *goas* des Suédois, le *gaas* des Danois, et l'*apatta* des Nègres de la Côte d'Or; mais rien n'est d'un effet d'imitation plus vrai qu'un de ces noms qui est particulier aux Mexicains, et par lequel ils ont voulu exprimer le cri bref et fréquent dont M. de Buffon parle à propos de cet animal. Ils l'ont appelé *tlalacatl*, et cette dénomination factice a été conservée par Fernandez.

L'*oie* mâle s'appelle un *jars*, et ce mot a produit une expression fort usitée. De *jars* et du Celtique *comps*, langage, en construction, *gomps* ou *gon*, l'on a fait *jargon*, *jargonner*, parler comme des *oies*.

On disait *oüe* en vieux français, comme le prouvent ces vers de la farce de *Patelin* :

> Vous l'en avez pris par la moüe,
> Il doit venir manger de l'*oüe*.

Il me semble donc que M. Decaseneuve a mal rencontré quand il a fait de ce mot un augmentatif d'*oiseau*, et qu'il est d'ailleurs difficile de remonter à son étymologie autrement que par l'Onomatopée.

OISEAU. La construction de ce mot est extrêmement imitative ; il est composé des cinq voyelles liées par une lettre doucement sifflante, et il résulte de cette combinaison une espèce de gazouillement très-propre à donner une idée de celui des *oiseaux*. Il est à remarquer comme une singularité très-rare dans notre Langue, que ce mot *gazouiller* est formé, comme le mot *oiseau*, des mêmes sons vocaux, liés par la même consonne. Il n'en est distingué que par son intonation qui est prise dans une lettre gutturale, par conséquent très-bien appropriée à l'idée qu'il exprime.

OUATE. C'est la première soie que l'on recueille sur le cocon du ver à soie, ou un duvet léger que fournit une espèce d'*anas*. On s'en sert pour doubler des vêtemens d'hiver; et le bruit moëlleux que produisent ces vêtemens quand on les froisse, a pu donner l'idée de cette dénomination, qui serait assez imitative; mais c'est une étymologie douteuse que je n'alléguerais point, si les Lexicographes en reconnaissaient une autre, pour peu vraisemblable qu'elle fût.

P

PÂMER, PÂMOISON. Du *spasma* des Grecs, qui lui-même est construit imitativement d'après le bruit propre à la figuration particulière de la bouche d'une personne qui se *pâme*.

PEPIER. C'est du cri naturel des moineaux, ou plutôt de tous les jeunes oiseaux, que ce cri a été formé. On a dit autrefois *pipier*, qui n'est plus d'usage.

Piauler, *piuler*, sont dans le même cas, quoiqu'également imitatifs.

PIAILLER, PIAILLERIE, PIAILLEUR, dérivent

du même son naturel ; on les a faits pour exprimer une criaillerie fatigante et perpétuelle, comme les cris des petits oiseaux. Les Latins employaient *pipulum* pour, injure, huée et rumeur publique, par la même analogie.

Pépie, est le nom d'une maladie dont une grande altération est la cause ou le symptôme. Ne semble-t-il pas que ce mot soit créé du bruit que font de petits oiseaux tourmentés par la soif ? Le *peperi* des Grecs, dont les Latins ont fait *piper*, ne remonterait-il pas encore à la même racine par une extension peu forcée, parce que c'est une substance qui altère et qui donne la *pépie ?* Les Grecs appelaient *pippos* un petit oiseau ; et ce qui vient singulièrement à l'appui de mes conjectures, *pipizo* se prenait indifféremment chez eux pour *pipio*, *sugo cum sonitu*, ou *potum præbeo*. *Pio* même signifiait *bibo*, et de là le *piot* de Rabelais et de nos anciens Auteurs. *Pino*, qui avait le même sens, est devenu le nom français d'un raisin. *Pepier* emportait d'ailleurs en vieux langage l'idée de gémissement et de plaintes, comme dans ces vers de Villon :

Je sens mon cœur qui s'affoiblit,
Et puis je ne peux *pepyer.*

Les Espagnols ont *piar*, et les Italiens *pipire*, comme les Latins. Ces derniers appelaient les pigeonneaux *pipiones*, et nous en avions fait autrefois *pipions.*

PIPÉE, dit Nicod « est un mot fait et imité » de la voix des oiselets, comme aussi » *pippe*, *pipper*, et *pippeur*, et signifie » le siffler que l'oiseleur fait avec une » fueille de *fou*, ou d'autre arbre, ou de » roseau, ou avec une pippe de bois, » contrefaisant la voix d'iceux oiselets. » Selon ce on dit, prendre des oiseaux » à la *pipée*, qui est quand un homme » caché dedans un buisson et bien en- » touré de rameaux couverts de gluons, » ayant un chathuant ou hibou branché » et attaché près de luy, contrefait le » *pippis* des oiseaux, ou bien pressant les » ailes ou les pieds d'un oiseau vif, le » fait crier, car les oiseaux advolent à » ce *pippis*, ou à ce cry, pour garantir » leurs semblables du chathuant qu'ils » cuident les tenir, et se perchent sur » ces rameaux et s'engluënt. *Pipée*, par

» métaphore, se prend pour mine ou con» tenance contrefaite ».

Piper, *pipeur*, qui ne se prennent plus que pour l'action de *piper* les dés, ont peut-être été rejetés trop dédaigneusement de la Langue ; leur emploi était fondé sur une allusion très-naturelle, et leur sens était vif et frappant. Montaigne a dit avec son énergie, avec sa précision ordinaire, que *la Rhétorique étoit une art mensongère et piperesse* : il y a dans les Langues des expressions si heureusement caractéristiques, qu'une fois perdues, on ne peut plus les remplacer.

PIC. Instrument de fer courbé et pointu vers le bout, qui a un manche de bois, et dont on se sert à ouvrir la terre et à rompre le roc ; Onomatopée du bruit que rend la pierre sous l'instrument qui la brise.

PIQUER, c'est donc primitivement frapper avec un *pic*. On dit encore qu'on *pique* la pierre, quand on blanchit une maison en dépouillant la pierre de sa surface.

PIOCHE, nom d'un outil de labourage, a été alongé d'un son plus mousse, parce que la *pioche* creuse et ne brise point.

BÊCHE, est un mot de la même construction, prononcé sur une touche moins dure, parce que la *bêche* n'attaque pas la terre avec force, et ne sert qu'à la diviser.

En anglais, le verbe *piocher* se rend par le verbe *dig*. Dans ce dernier mot, l'imitation du son est frappante. On remarque la même vérité dans la formation du mot *tuf*, qui est le nom d'une terre compacte et prête à se pétrifier, qui rend sous la *pioche* et sous la *bêche* un son net et sec dont ce terme est l'expression; mais comme cette étymologie n'est pas incontestable, je me contente de la rapporter ici à cause de l'analogie du sujet.

* POUPE. Suivant Nicod, que j'aime à citer souvent, « c'est la tette ou mammelle, » soit d'une femme comme la nomment » en aucunes contrées de France, soit de » bestes mordans comme la nomment les » veneurs, disans les *poupes* d'une ourse, » et semblables, le mot vient du prétérit » grec *pépoka*, tout ainsi que pot, et est » dit *poupe*, parce que le faon tette et » boit le laict par là, ou bien est fait par » Onomatopée du son que l'enfançon fait

» de ses lèvres en suçant à force le laict
» de la mammelle ».

Si toutefois le prétérit grec *pépoka* pouvait être rapporté à cette racine, c'était plutôt comme dérivé que comme type, et il paraît que Nicod s'en est aperçu. Il aurait fait remonter le mot *poupe* avec plus de vraisemblance au mot *popanon*, qui est le *popanum* des Latins, et qui est incontestablement de la même famille. Remarquez d'ailleurs que les Latins ont dit *puppus* et *puppa*, d'où viennent *puer* et *puella*.

POUPÉE, c'est l'image d'une petite fille, d'un enfant qui tette encore. Quelqu'évidente que soit l'étymologie de ce mot, on s'est avisé, je ne sais où, de le dériver de *Poppée*, parce qu'on prétend que cette femme fut la première qui mit le masque en usage pour conserver la beauté de son teint et le préserver du hâle et des injures de l'air.

POUPON, c'est, dans le langage vulgaire et enfantin, un petit garçon à la mammelle.

PUER. Du bruit que fait la bouche en repoussant, avec une forte émission du souffle, les odeurs désagréables.

Pouah, interjection qui marque le mépris et le dégoût, doit en être le son radical.

R

RACLER. Du frottement de l'ongle ou d'un instrument aigu sur les corps qu'ils nettoient ou qu'ils déchirent. *Rakos* signifiait en grec un haillon, un vêtement déchiré, une cicatrice, une ride. *Rakterios*, c'était le corps brisé ou *raclé*, qui rendait du bruit. Aristophane appelle Euripide *rakiosurraptadès*, raccommodeur de vieux haillons. *Ragas* se disait sur une autre touche pour rupture, déchirement, et de là, *raga*, pour force et violence.

On pourrait croire que *raccommoder* en est fait par antiphrase ou contre vérité, à moins qu'on ne fasse voir que les syllabes complétives en déterminent la nouvelle acception.

La famille des mots qui se rapportent à l'idée d'*effraction*, est évidemment tirée de la racine autour de laquelle je range ces curieuses analogies, quoiqu'elles lui soient devenues plus ou moins étrangères dans leur extension.

RAIRE ou **RÉER.** Terme de Vénerie emprunté du cerf en amour.

« Il a, dit M. de Buffon, la voix d'autant plus forte, plus grosse et plus » tremblante, qu'il est plus âgé : la biche » a la voix plus faible et plus courte ; elle » ne *rait* pas d'amour, mais de crainte. » Le cerf *rait* d'une manière effroyable » dans le temps du *rut*. Il est alors si » transporté, qu'il ne s'inquiète, ni ne » s'effraie de rien ».

Rut, le temps où le cerf *rait*.

RÂLE, RÂLEMENT, RÂLER. Du son enroué d'une respiration qui s'épuise, et dont les derniers efforts annoncent une mort prochaine.

Râle, est aussi le nom d'un oiseau que Ménage croit désigné d'après son cri.

RAUQUE. Du bruit âpre et fatigant des voix enrouées.

Roquet, est le nom de mépris qu'on donne à un petit chien importun, et qui aboie sans cesse. Je le crois formé du son *rauque* de son jappement.

REDONDANCE. C'est une dérivation figurée du son que rend un corps dur qui rebondit dans sa chute.

Ainsi l'on a dit *redondance* d'une vicieuse superfluité de paroles, qui ne fait que nuire à la netteté du discours, parce que c'est une espèce de bondissement de la pensée, qui, après avoir frappé l'esprit, rejaillit et retombe avec moins de force.

Ce mot n'est point une Onomatopée propre, mais une Onomatopée abstraite construite par analogie.

RETENTIR, RETENTISSEMENT. Belles Onomatopées dont le son radical est le type d'une nombreuse famille de mots, consacrés à exprimer des idées de même ordre. *Voyez* TINTEMENT, TINTER.

Retentir et ses dérivés s'emploient en général en parlant des échos des montagnes et des voûtes, et ne conviennent point quand il s'agit d'un bruit net et sans répercussion. Racine a dit :

De nos cris douloureux la plaine *retentit*.

Et ailleurs :

Mes seuls gémissemens font *retentir* les bois.

Boileau a dit aussi :

Ils faisaient de leurs cris *retentir* les rivages.

La vérité d'imitation est moins sensible dans ces exemples que dans beaucoup d'autres, parce que la plaine, les bois et les rivages sont des lieux peu *retentissans*. Je sais combien de telles observations sont minutieuses; mais j'ai rapporté ces vers de deux de nos grands Poètes, pour faire voir de quelle importance est la justesse d'expression pour l'effet poétique, et de combien de nuances la Langue la plus riche peut encore s'orner.

RINCER. Du bruit des doigts contre l'intérieur d'un verre que l'on *rince*.

Un si galant exploit réveillant tout le monde,
On a porté par-tout des verres à la ronde,
Où les doigts des laquais, dans la crasse tracés,
Témoignaient par écrit qu'on les avait *rincés*.

Les Irlandais disent *rincsail*, et les Bretons *rinca*.

RONFLEMENT, RONFLER. Du bruit que fait dans la gorge et les narines d'un homme endormi, l'air fortement aspiré.

On a employé ces mots par extension, pour exprimer le bruit grave des gros tuyaux d'un orgue, ou celui des canons, et figurément, les éclats de voix présomptueux d'un Comédien qui cherche le *brouhaha*.

« Il n'y a, dit le Mascarille des Pré-
» cieuses, que les Comédiens de l'hôtel
» de Bourgogne qui soient capables de
» faire valoir les choses. Les autres sont
» des ignorans qui récitent comme on
» parle ; ils ne savent pas faire *ronfler* les
» vers, et s'arrêter au bel endroit ».

Du *ronchus* des Latins, nous avions fait *froncher* dans le vieux langage, et dom Lepelletier rapporte *fronsal*, mot de l'usage de Cornouaille, qui a le même sens.

ROSSIGNOL. En latin *luscinia*, ou *lucinia*, en italien *usignuolo, lusignolo, rusignuolo*, en espagnol *ruysenor*.

Le Castelvetro a pensé que le nom italien de cet oiseau était fait par Onomatopée. Belon et Ménage rapportent des étymologies plus vraisemblables, et M. de Brosse tranche, suivant moi, la difficulté. De *luco canens*, *lucinia*, *luciniola*, *lusignuolo*, *rusignuolo*, *rossignol*; il reste à déterminer si l'imitation du son n'est pas entrée pour quelque chose dans la construction de ces différens dérivés, et c'est ce qui me paraît incontestable.

* ROUCOULEMENT, ROUCOULER. Onomatopées du chant des tourterelles, qui est aussi très-bien exprimé par le *to coo* des Anglais.

On a dit autrefois *rocouler*, mais *roucouler* a été justement préféré.

Roucoulement est un mot harmonieux et utile qui serait bon à admettre dans la Langue. M. de Châteaubriand, d'ailleurs si sévère dans l'emploi des mots nouveaux, en a fait souvent usage.

ROUE (1). Ce mot est dérivé du bruit de la

---

(1) Comme le son caractéristique de cette expression est un des plus communs et des plus intéressans de la nature, puisqu'il sert à exprimer le bruit des corps dans leur mode de déplacement le plus ordinaire, je le prendrai pour exemple de ces grandes générations de mots que je n'ai fait qu'indiquer à d'autres articles, et qui auraient surchargé cet ouvrage de trop de détails inutiles. C'est M. Court de Gébelin qui me fournira le tableau des termes dont celui-ci est le type.

Rouage, Rouer.

Rouet, instrument à *roue*.

Rouelle, tranche coupée en rond.

Rotule, en latin *rotula*, os cartilagineux, large et rond qui forme le mouvement du genou.

roue, et en général du bruit d'un corps rond qui roule avec rapidité sur une surface retentissante.

ROTATEUR, muscle circulaire qui sert à mouvoir l'œil.

ROTE, en latin *rota*, tribunal de la cour de Rome, dont la salle est pavée de carreaux qui représentent des *roues*.

RODER, aller çà et là en faisant des tours et des détours.

RODEUR.

ROULER, 1°. se mouvoir en rond; 2°. plier en rond : au figuré, considérer, méditer.

ROULANT.

ROULEAU, chose faite ou tournée en rond.

ROULEMENT, bruit d'une chose qui roule, mouvement en rond.

ROULADE, roulement de la voix.

ROULAGE, action de rouler, facilité de rouler.

ROULIER, voiturier de marchandises.

ROULETTE, petite *roue*.

ROULIS, agitation d'un vaisseau que le vent fait rouler sur les flots.

ROULON, pièce de bois travaillée en rond.

RÔLE, autrefois ROOLE, du latin barbare *rotulum*, 1°. registre qu'on roule en long, comme les anciens manuscrits; 2°. ce que chaque acteur doit faire ou réciter dans la représentation d'une pièce de théâtre : chaque acteur a son rouleau, son rôle à part pour l'apprendre et pour le jouer; 3°. manière dont chaque

C'est le *trochos* des Grecs, le *rota* des Latins et des Italiens, le *rüeda* des Es-

---

homme représente dans le monde; 4°. feuille d'écriture en termes de pratique.

Rôler, écrire des rôles.

Enrôler, en Anjou, Enrotuler, coucher sur les registres, enregistrer dans le catalogue de ceux qui forment le corps où l'on se réunit.

Enrôlement, Enrôleur.

Rotonde, bâtiment en rond.

Rotondité, qualité d'un corps rond.

Rond, en latin *rotundus*, tout ce qui est en cercle; au figuré, qui va rondement.

Rondeur, figure ronde.

Rondelet, un peu rond.

Rondin, bâton rond.

Rondiner, en vieux français, donner des coups de rondin, de bâton.

Rondache, Rondelle, en vieux français, boucliers ronds.

Rondeau, petit poème composé de couplets finissant par les mêmes mots qui commencent le poème.

Ronde, inspection qu'on fait en parcourant une enceinte.

A la ronde, tout autour.

Rondement, en rond; au figuré, franchement.

Arrondir, donner une forme ronde.

Arrondissement.

Route, chemin.

pagnols, le *rot* ou *rod* des Celtes, et le *rad* de l'ancien Teuton.

ROUTIER, 1°. qui connaît les routes, expérimenté; 2°. livre de routes.

ROUTINE, habitude, connaissance acquise par la pratique seule; chemin battu.

ROUTINIER, qui n'a que la routine.

DÉROUTER, faire perdre à quelqu'un la route, etc.

Cette racine me suggère d'ailleurs une réflexion qui vient à l'appui de ma théorie de l'extension des sons naturels, dans la qualification des êtres insonores. Nous avons vu se composer d'un son radical qui est le signe du mouvement, et qui s'opère lui-même par le roulement de la langue sur le palais, deux familles de mots distincts, dont l'une appartient à une idée de mouvement, et l'autre à une idée de forme. Il n'était pas difficile de reconnaître le point de contact de ces deux familles, et nous avons compris que le signe des bruits qui résultent d'un mouvement circulaire, avait dû devenir dans le langage, l'indicateur des formes rondes. Mais si le rapport des mouvemens et des formes semble d'abord assez naturel pour expliquer la ressemblance des expressions qui les caractérisent, il est également vrai que la nature a établi de frappantes harmonies entre ces deux premières sortes de sensations et celles des couleurs. Le langage figuré nous en offre assez de preuves. Nous avons dit, entr'autres exemples, de *sombres* gémissemens, et des lueurs *éclatantes*. La première de ces tournures présente une idée de bruit, spécifiée

Rodellec signifiait en celtique une voiture à plusieurs roues, un vestige, une

---

par une circonstance tirée de l'ordre des couleurs, et la seconde, une idée de couleur déterminée par une épithète qui appartient à l'idée du bruit. Le fameux aveugle-né Saunderson, après avoir cherché long-temps à se faire un sentiment juste des couleurs, finit par comparer la couleur rouge au son de la trompette; et il y a peu d'années que l'intéressant sourd-muet Massieu, interrogé sur l'opinion qu'il se formait des bruits, et celui de la trompette en particulier, le compara sans hésiter à la couleur rouge.

S'il y a de l'harmonie entre ces effets, pourquoi ces effets n'auraient-ils pas été exprimés par des sons de la même espèce?

Le mot *rouge* et ses dérivés sont donc, selon moi, des Onomatopées construites par extension du son radical du roulement. En vieux français, *ro* s'est dit pour *rouge*, et *roe* pour *roue*. Toutes les Langues fourniraient de pareils rapports.

M. Bernardin de Saint-Pierre a reconnu l'harmonie du mouvement circulaire, de la forme ronde, et de la couleur rouge. Il se plaît même à étayer ce rapprochement ingénieux des observations les plus agréables; et s'il a négligé de prouver que les mots qui désignent chez la plupart des peuples ce mouvement, cette forme et cette couleur, ont une racine commune, c'est sans doute parce que cette espèce de démonstration empruntée des froides études de la Grammaire, lui a paru trop sèche pour une matière si élégante et si poétique.

ligne, comme celle qui est décrite par la roue.

Route, mot français d'une acception très-voisine, en est probablement dérivé. Cette opinion n'est pas étraugère à M. Court de Gébelin, qui appuie mal-à-propos sa conjecture de quelques fausses étymologies.

RUGIR, RUGISSEMENT. « Le *rugissement* » du lion est si fort, dit M. de Buffon, » que quand il se fait entendre par échos » la nuit dans les déserts, il ressemble au » bruit du tonnerre : ce *rugissement* est » sa voix ordinaire ; car quand il est en » colère, il a un autre cri qui est court » et réitéré subitement, au lieu que le » *rugissement* est un cri prolongé, une » espèce de grondement d'un ton grave, » mêlé d'un frémissement plus aigu. Il *ru-* » *git* cinq ou six fois par jour, et plus sou- » vent lorsqu'il doit tomber de la pluie ».

Ce passage de M. de Buffon m'en rappelle un autre qui a rapport au *rugissement* du tigre, et où ce grand Ecrivain hasarde, pour exprimer ce cri, une Onomatopée que l'usage n'a pas consacrée depuis. « Le tigre, dit-il, fait mouvoir la » peau de sa face, grince les dents, frémit,

» *rugit* comme fait le lion, mais son *ru-*
» *gissement* est différent. Quelques voya-
» geurs l'ont comparé au cri de certains
» oiseaux. *Tigrides indomitæ rancant,*
» *rugiuntque leones.* (*Autor Philomelæ.*)
» Ce mot *rancant* n'a point d'équivalent
» en français; ne pourrions-nous pas lui
» en donner un, et dire, les tigres *rau-*
» *quent*, et les lions *rugissent;* car le son de
» la voix du tigre est en effet très-rauque».

Je suis bien aise de faire remarquer ici que ce verbe factice, à qui M. de Buffon ne connaît point d'équivalent en français, en a un très-exactement construit sur la même racine, dans le patois de Franche-Comté. *Rancôt*, c'est le dernier soupir, le dernier râle du moribond; *rancoïër*, c'est expirer, rendre l'âme, pousser le sanglot convulsif qui annonce la mort.

On a dit autrefois *ruiment* pour *rugissement*, comme dans ce passage des grandes Chroniques de France, dédiées à Charles VIII. « Sembloit que ce fussent urlemens » de loups et *ruimens* de lions ». Cela donne quelque probabilité à l'opinion de M. de Caseneuve, qui fait dériver *rut*, anciennement *ruit*, du *rugitus* des Latins, et qui regarde *raire* ou *réer* comme une contraction de *rugire*. Il aurait pu citer ce passage de Job, qui dit, en parlant des biches, à qui l'action de *réer* est particulière : *incurvantur ad fœtum*, *et pariunt*, *et* rugitus *emittunt*. Marot dit dans sa traduction des Pseaumes :

> Ainsi qu'on oit le cerf *bruire*,
> Pourchassant le froid des eaux,
> Ainsi mon ame soupire,
> Seigneur, après tes ruisseaux.

Voyez RAIRE ou RÉER.

RUISSEAU, RUISSELER. Nicod dérive ces mots du grec *reo*, *fluo*. Le grec attique *reos* signifiait *ruisseau*. Les Latins ont dit *rivus*, *rivulus*, les Italiens *rivo*, *ruscello*, les Espagnols *rio*, les Anglais *rivulet*. *Dour red*, en celtique, signifie une eau courante et rapide. Dom Lepelletier nomme *rigol*, et Davies *rhigol*, un *ruisseau* tracé dans un champ ; cette expression s'est conservée dans le français. Lebrigand a employé quelque part, comme celtique, le mot *ruzelen* ; mais il paraît que ce n'est que le français *ruisselet* qui s'est glissé, comme beaucoup d'autres, dans le celto-breton, par le contact des français avec les peuples de l'Armorique. *Ru* se dit en Géorgien d'un grand écoulement d'eaux. *Arou* exprime la même idée en Arménien et en Malabare, et *rud* en Arabe et en Persan. Plusieurs Etymologistes assurent que *rit* indiquait dans les Langues gothiques un passage ou un gué. Les mots par lesquels nous désignions un *ruisseau* en vieux langage, se rapprochaient assez du son typique. *Reu* et *ru* se trouvent dans Nicod. *Ru* s'emploie encore pour désigner le lit ou canal d'un petit ruisseau. *Ruel* et *rui* sont communs dans nos vieux romanciers. *Ruit* est employé pour rive dans un passage de Perceval. En remontant la vallee de la Romanche par la nouvelle route de Grenoble en Italie, on voit avant le hameau des Roberts, un torrent que le peuple appelle *riou-peirou*, c'est-à-dire, *ruisseau* périlleux.

Notre mot *ruisseau* peint parfaitement à l'esprit le petit murmure doux et modulé d'une eau vive qui roule entre les cailloux.

S'il est vrai, ainsi que le prétend M. Court de Gébelin, que *rat* soit un terme de marine qui sert à désigner un endroit de mer où il y a quelque courant rapide et dangereux, on peut faire remonter ce mot à la même racine, soit comme lui par le gallois *rhydd*, qui signifie gué ou bas-fond, soit, mieux encore, par l'allemand *ritha*, qui signifiait autrefois torrent, ou par le *dour red* des Celtes, et par le celto-breton *rodo*, qui se dit d'un passage de rivière; mais cette assertion est contestée.

« *Rat* n'est point un terme de marine » pour désigner un courant rapide et » dangereux dans la mer, m'écrit M. de » Roujoux, c'est un nom de lieu; le *Raz* » est un vaste écueil situé en face de l'île » de Sein, et qui a donné son nom au » passage compris entre cette île et lui. » Le passage du *Raz* ou *Ratz* est célèbre, » parce qu'un grand nombre des vais- » seaux qui entrent à Brest ou qui en sor- » tent, sont forcés d'y donner. Il est fer- » tile en naufrages, et la baie dont il » forme une des pointes, s'appelle la baie » des Trépassés. Je ne crois point que ce » mot ait de signification connue; il res- » semble à une foule de termes auxquels » on veut trouver des étymologies, quoi- » qu'ils n'en aient pas ».

Rouir, est très-judicieusement dérivé du vieux français *ru*, par Ménage. Nicod même écrit *ruir*, et rend en latin *chanvre roui*, par *cannabis fluviata*.

S

SANGLE, SANGLER. De *cingula*, *cingulare*, et originairement du bruit de l'air froissé par une courroie déployée avec force.

Sangle s'exprimait en celtique par *cengl* et *cenclen*, et suivant la même analogie, *lancer* et *darder*, par *cingla*.

En vieux français, on disait *changle* et *changler*, comme c'est l'usage dans notre Langue, qui a souvent modifié ainsi les sons sifflans.

Cingler, se dit pour, naviguer à pleines voiles, parce que la mer, ouverte vivement par le navire, rend un petit bruit de la même nature que le précédent. Mais le son radical est ici moins emphatique, parce que le froisssement qu'il représente est moins éclatant, et a lieu dans un milieu moins sonore. Cependant on a employé ce dernier verbe au même usage que l'autre en nombre d'occasions, et on le dit fort bien du vent du Nord et de la pluie chassée par un ouragan impétueux.

SAPER. Abattre par le pied, travailler avec le pic et la pioche à détruire les fondemens d'un mur.

SAPE, se dit en terme de guerre d'un travail qu'on fait sous terre pour la surprise d'une place. En latin, c'est *sappa*, en italien *zappa*.

L'oriental *saph* ou *sap* désigne l'action de briser ou de limer, de réduire en poussière.

Ces différens mots sont formés du bruit de l'instrument contre les constructions qu'il attaque, ou sur la terre qu'il entr'ouvre.

SCIE, SCIER *Scie* se dit en latin *serra*, en italien *sega*, *rasega*, en espagnol *sierra*, en anglais *saw*, en allemand *sæge*, autant de dénominations tirées du bruit sifflant que produit la *scie* en divisant le bois.

Le *secare* et le *scindere* des Latins sont construits d'après ce son naturel qui a fourni d'innombrables Onomatopées à toutes les Langues.

SCION. C'est le nom qu'on donne à des branches grêles et menues, tendres et pliantes que poussent les arbres. L'osier, par exemple, s'élève en touffes de *scions*, et je n'hésite pas à penser que ce mot ne soit formé du frémissement de ces branches débiles, quand le vent les courbe devant lui, et qu'elles se relèvent en sifflant.

On appelle encore *scions* les impressions qui restent sur la peau d'une personne fouettée de verges. C'est le nom de la cause pour celui de l'effet, employé par métonimie.

Cion, s'est dit en vieux langage, de la pluie fouettée par les vents. Il est facile de saisir l'analogie de ces différentes acceptions.

SIFFLER. Verbe dont on connaît les nombreux dérivés, et qui dérive lui-même du bruit de l'air comprimé et chassé par une ouverture étroite. Les Latins ont dit d'abord *sifilare*, qui se lit dans Nonnius-Marcellus, et ensuite *sibilare*. Les Italiens ont *sibilare*, *subbiare*, *zuffulare*, *fischiare*, autant d'Onomatopées qui caractérisent différens modes de *sifflement*; les Espagnols, *silvar*; les Allemands, *pfeifen*, et les Anglais plus heureusement encore *whistle*.

En vieux français, nous avons dit *subler* et *sibler*. Marot à dit *sublet* pour *sifflet*. Les Angevins ont gardé cette expression, et Oudin la rapporte dans ses dictionnaires. Le patois bourguignon y a substitué *subló*, qu'on lit dans les noels de la Monnoye.

Çat ein anfan ? me dis-tu vrai ?
Tan meu, velai tô note fai.
Tu sai bé, quant ein anfan crie
Que por an époizé lé cri,
Ai ne fau qu'éne chaiterié,
Vou qu'un *subló* vou qu'un trebi.

Il est à remarquer que ce *subló* du peuple de Bourgogne ressemble beaucoup au *subulo* de Varron, que celui-ci a employé pour *tibicen*.

Cirano, acte II, scène III de son *Pédant joué*, fait dire à Mathieu Gareau : « Ce biau marle qui *sublet* si finement » haut ».

Le peuple mouille l'*S*, et dit communément *chiffler*.

Il paraît que les Celtes faisaient usage du mot *si*, pour bruit ; *sifflement*, murmure.

Les Grammairiens appellent consonnes *sifflantes* ces trois lettres *s*, *x*, *z*, parce qu'on ne les prononce qu'avec une espèce de *sifflement*. Elles doivent donc être d'un grand usage pour exprimer les bruits de cette espèce. La Langue anglaise est une Langue *sifflante*, parce qu'elle a beaucoup de mots sur la touche *sifflante* et sur la touche dentale.

L'emploi fréquent de la lettre *S* rend la prononciation *sifflante*. Euripide en faisait un usage vicieux qui passa même en proverbe. On appelait ce défaut le sygmatisme d'Euripide.

Racine a prodigué les *S* dans ce vers d'Andromaque :

Pour qui sont ces serpens qui *sifflent* sur vos têtes ?

et l'effet d'imitation qui en résulte est frappant. On l'a trouvé, peut-être avec justice, un peu trop minutieux.

Il y a de l'harmonie dans ces vers d'un de nos Poètes lyriques :

Ixion et les Aloïdes
On cessé leurs mugissemens.
De Tantale et des Danaïdes
Je n'entends plus les longs gémissemens,
Et des fatales Euménides
Les couleuvres avides
Ne brisent plus les airs par d'aigres *sifflemens*.
L'Érèbe n'a plus de tourmens.

La forme et le son de la lettre *S* la rendent propre à désigner doublement le serpent, et à peindre en même temps ses mouvemens tortueux et ses *sifflemens* aigus. L'*ophis* des Grecs, qui est originairement égyptien, a le singulier mérite d'offrir dans ses caractères une espèce de nœuds de couleuvres, et dans sa terminaison, un bruit semblable à celui qui annonce ordinairement ces animaux. C'est tout-à-la-fois un hiéroglyphe et une Onomatopée. La lettre Φ ressemble à un caducée.

Les Latins ont *anguis*, qui a la même désinence *sifflante*, et de plus *seps* et *serpens*; les Italiens *serpente*, *biscia*; les Espagnols *sierpe*; les Anglais *serpent* et *snake*.

On appelle *bysse* en science héraldique, des serpens et des couleuvres. C'est l'ancien nom français de ces reptiles. Celui par lequel nous désignons actuellement le *serpent*, est une Onomatopée sans vivacité et sans harmonie, dont je n'ai pas cru devoir faire un article à part, mais dont les analogues curieux me paraissent assez bien placés dans celui-ci.

SILLON, SILLONNER. Du bruit d'un corps

qui en effleure légèrement un autre sur un long espace. De là,

SILLAGE, qui est la trace d'un vaisseau sur la mer, quand il ne fait qu'y glisser doucement.

SIPHON. « Ce sont, dit un vieux commentateur de Rabelais, ces canaux et tuyaux » ès-fontaines qui jettent l'eau, et par le » moyen et force de l'air qui les presse, » rendent un son et sifflement d'où ils » ont pris leur nom ».

SOUFFLER. Nous avons vu tout-à-l'heure au mot *siffler* une Onomatopée construite d'après le bruit de l'air chassé à travers un canal étroit. Celle-ci est formée sur l'émission libre de l'air poussé hors d'un canal de grandeur suffisante, avec un bruit mousse et sans éclat.

Les dérivés nombreux de cette expression ne peuvent échapper à personne.

SOURDRE. Sortir, jaillir, s'ecouler par une fente de la terre ou du creux d'un rocher.

L'étymologie de ce mot a été rapportée avec raison au *surgere* des Latins, qui avait le même sens.

Medio de fonte leporum
Surgit, *amari aliquid, quod in ipsis floribus angit.*

LUCRET.

On a même dit en français *surgeons*, tantôt pour ces rejetons qui naissent au pied des arbres, tantôt pour un petit ruisseau qui vient de *sourdre* de la terre ; et *surgir*, qui est pris pour *sourdre*, avec un peu d'extension dans ce passage des hymnes de Ronsard :

Après vous *surgirez* dedans l'île déserte
D'hommes et de troupeaux, mais aussi bien couverte
D'oiseaux qui ont la plume à pointe comme espiçs,
Et la dardent des flancs ainsi que porcs espics.

Mais s'il est vrai que cette origine soit à-peu-près incontestable, il n'en est pas moins certain que l'imitation du son naturel a modifié jusqu'à un certain point l'expression qu'on y rapporte. Il est peut-être malheureux qu'elle vieillisse négligée, car elle est significative et utile. Amyot s'en est servi dans sa traduction de *Daphnis et Chloé*, et cet exemple en déterminera le sens :

« Il y avoit, dit-il, en ce quartier-là
» une caverne que l'on appelait *la Ca-*
» *verne des Nymphes*, qui estoit une
» grande et grosse roche, au fond de la-
» quelle *sourdoit* une fontaine qui faisoit

» un ruisseau dont estoit arrouzé le beau » pré verdoyant ».

M. Mercier a cru mal-à-propos que ce mot faisait *sourdir* à l'infinitif, ou que cette nouvelle construction pouvait avoir quelqu'avantage sur l'autre. C'est au bruit de deux consonnes roulantes, durement séparées par une autre, et qui semblent en rompre l'effort, que le mot *sourdre* doit son harmonie pittoresque.

* STRIDENT. C'est ainsi qu'on qualifie un bruit dur, un peu aigre, un peu frémissant, qui est produit par un corps très-réfractaire, attaqué avec la lime ou avec la scie.

Ce mot expressif et vrai, heureusement formé du *stridere* des Latins, n'a point encore été admis dans l'usage de notre Langue, qu'il ne pourrait qu'enrichir.

STRIE. C'est une espèce de sillon profond, gravé difficilement dans un corps dur, ce qui est marqué par sa construction rude et *stridente*. Cette expression est propre à l'Histoire naturelle descriptive.

SUCER. Onomatopée préférable au *sugere* des Latins dont elle a été formée, avec un changement pris dans le son radical.

C'est le *saugen* des Allemands, le *sycan*, le *sugan*, le *succan*, le *sucian* des Anglo-Saxons et de la Langue franque ; le *zuigen* des Flamands, le *suck* des Anglais, le *suga* des Suédois, le *succhiare* des Italiens.

Skinner rapporte toutes ces étymologies au vieux Sarmate *cic*, qui signifiait mammelle, et dont le type naturel est le même.

SUC, c'est la substance qu'on extrait des corps par la *succion*.

SUCRE, est le nom d'une production végétale qu'on tire des fruits par le même procédé. Les Italiens qui ont aussi reconnu cette analogie, appellent le sucre *zucchero*, et les Arabes *sucar*.

* SUSURRATION, SUSURRE, SUSURREMENT, SUSURRER. Je hasarde ici ces trois substantifs et ce verbe qui sont peut-être des latinismes assez heureux, pour exprimer le frémissemement des feuillages et le murmure des roseaux émus par le vent. Nous n'avons pour rendre ces idées que des mots trop généraux et des images trop vagues.

Un de nos Lexicographes dit *susurre*, qui est construit sur le mot *murmure* avec lequel il a tant de rapports. *Susurration* est plus conforme au type latin, et *susurrement* à l'esprit de notre Langue; mais il n'est donné qu'à nos bons Ecrivains de consacrer ces expressions agréables, et d'en fixer l'emploi.

T

TACT. Le mot factice *tac* fut inventé pour exprimer le bruit des corps durs et secs qui frappent les uns sur les autres.

TIC TAC, eut une signification analogue, et marqua un battement, un mouvement réitéré, comme celui d'un marteau qui frappe, d'un balancier d'horloge, des pulsations du sang et des palpitations du cœur. Regnier l'emploie pour représenter les coups que se donnent dans leur lutte grossière les personnages de son souper ridicule :

> Ainsi ces gens à se piquer ardens
> S'en vinrent du parler à *tic tac*, torche lorgne;
> Qui casse le museau, qui son rival éborgne;
> Qui jette un pain, un plat, une assiette, un couteau,
> Qui pour une rondache, empoigne un escabeau.

TIC, maladie de cheval, est une Onomatopée, selon Ménage, parce que le cheval qui a le *tic*, reproduit ce bruit en frappant de sa tête contre sa mangeoire; et je crois que *tic*, dans le sens de caprice ou de manie, en est une acception figurée.

TIQUETÉ, s'est dit d'un corps taché de petits points, imprimés comme au hasard, et semblables aux meurtrissures qui résulteraient de petits coups dont ce mot rappelle le bruit.

Taquer ou *Toquer*, qui sont des mots populaires, ont été formés d'après cette racine, et le mot *tact* en est pris avec une grande extension, pour désigner tout ce qui a rapport à l'action du toucher.

TÂTER, TÂTONNER, À TÂTONS, et autres termes de la même famille, n'ont pas une autre origine, et ont été construits, soit dans notre Langue, soit dans celles qui en offrent les équivalens, d'après le son naturel.

TAFFETAS. Il n'y a point de doute sur l'étymologie de ce mot, qui est prise dans le bruit de l'étoffe qu'il désigne. *Dixose assi*, dit Covarruvias, *del ruido que haze el que va vestido della seda, sonando el* tiftaf, *por la figura onomatopeia.* On a même écrit autrefois *taffetaf*, comme dans ce passage de *la grande nef des Fous du monde :* Les bourses comme pannetières, les ceintures de *taffetaf*, etc.

En italien, c'est *taffeta*, en espagnol *taffatan*, en grec moderne, *taphata.* Ménage prétend que *taffata* se retrouve dans la basse latinité, et Ducange y a vu *taffetas* et *taffetin.*

TAMBOUR. Chez les Latins *tympanum*, et dans la basse latinité *tabur*, *taburcium* et *tamburlum ;* en arabe *tabal* et *tambor*, en italien et en espagnol *tamburro ;* en allemand *trommel*, et l'homme qui bat la caisse *tambour ;* en vieux français *tabur*, *thabur*, *tabor* et *tabour*, d'où *taborer* et *tabourner.* Rabelais et Regnier disent *tabouriner*, et le peuple *tambouriner.*

Ces mots sont faits du bruit éclatant de la caisse, et en général des bruits très-retentissans.

De la même racine, on avait tiré dans le vieux langage les mots *tabut* et *tambusteis* qui signifiaient grand tumulte et bruit assourdissant comme celui de la caisse.

Tarabuster, en est une dérivation figurée.

TAMPON. On appelle *tampon* ce qui sert à boucher un vaisseau, parce qu'en enfonçant le *tampon*, on excite un bruit dont ce nom paraît formé.

Les Latins ont dit *tappus* dans la même signification, les Italiens *zaffo*, les Anglais et les Allemands *tap*.

Tape, Taper, qui s'emploient bassement dans notre Langue, viennent du même son naturel.

Se Tapir dans une place étroite, y demeurer en *tapinois*, c'est s'y tenir caché, serré, et en quelque sorte adhérent comme un *tampon*.

Tapon, est un mot très-bas qui se dit d'un paquet pressé, contenu, ou *tapi* dans un petit lieu. C'est aussi un terme de Marine qui signifie un certain bouchon dont on ferme l'ame du canon pour empêcher l'eau d'y pénétrer.

Taupin, est le nom français d'un insecte dont le thorax est armé d'un ressort au moyen duquel il saute sur lui-même avec bruit.

Étoupe, fait du latin *stuppa* ou du celtique *stoup*, qui est le *topp* de Davies, pourrait se rapporter à cette Onomatopée, parce que les *tampons* sont ordinairement d'*étoupes*.

TAN. Ce mot désigne une poudre menue d'écorce de chêne, battue dans de gros mortiers, par la force des roues d'un moulin, et avec un bruit qu'il exprime.

TAON. Le vol bruyant du *taon* était assez bien représenté par ce nom que la nouvelle prononciation a dénaturée. L'Onomatopée s'est conservée dans le langage du peuple qui dit *tavon* ou *tavan*. Je ne doute pas que la même aphérèse ne nous ait fait perdre l'effet imitatif du mot *paon*, formé du *pavo* des Latins, qui l'était du cri naturel de cet oiseau.

Ce qu'il y a de certain, c'est qu'on a dit autrefois *tahon*, qui se lit dans ces vers de Christian de Troyes :

> Toùjours doit li fumier puir,
> Et *tahons* poindre, et maloz bruire,
> Envious, envier et nuire.

Ménage fait *hanneton* de *tabanus*, qui est le nom latin du *taon*, par un procédé bien bizarre. De *tabanus*, *tavanus*, *tavanettus*, *vanettus*, *vanetto*, *vanetonne*, *na-*

nettone, *hanneton*. Je crois qu'on peut établir, sans insulter à la mémoire de ce savant laborieux, qu'il n'y a rien de plus ridicule que ces étymologies arbitraires dont la filiation ne repose que sur des intermédiaires factices. Si hanneton n'est pas fait d'*alis tonans*, c'est peut-être une Onomatopée.

TARABAT. Instrument bruyant qui servait à appeler les Religieux aux Offices nocturnes.

Les Grecs ont dit *thorubein*, pour, faire du bruit, et *thorubos*, pour, tumulte ou fracas. Cette curieuse analogie n'a jamais été aperçue.

TARIN. Les Naturalistes pensent que le nom de cet oiseau a été fait d'après son chant; mais la variété de ses modulations a dû déterminer un grand nombre d'Onomatopées. En effet, les Grecs l'ont nommé *thraupis*, les Allemands *zinsle*, *zeizel*, *zysèle*, *zyschen*, *zeisich*, les Polonais *csiseck*, les Illyriens *csisz*, et les Anglais *siskin*. Nous l'appelons vulgairement *scenicle*, *cinit*, *cerizin*.

Tous ces mots, quoiqu'étrangers les uns aux autres, ont une racine naturelle.

TETER. C'est tirer avec la bouche le lait de la mamelle, et cette action produit un bruit dont le mot qui la désigne est emprunté.

Tette, qui n'est plus d'usage, mais dont les équivalens ont la même racine, et qui signifie l'endroit par où les animaux nourrissent leurs petits, s'est dit en grec *titthos* et *titthion ;* en latin *tetta ;* en allemand *titte ;* en anglo-saxon *tit, titt* ou *tytt ;* en Langue franque *tuito ;* en anglais *teat*, et en espagnol *teta.* On m'assure que le syrien et le chaldéen *thad* expriment la même idée ; et dans la partie de ma préface où j'ai démontré que les premiers rapports de l'enfant et de la mère, c'est-à-dire, l'action de *teter*, ont eu dans le langage une racine commune avec les premiers rapports de parenté, j'ai fait sur la forme hiéroglyphique, et sur le son imitatif du *thêta* des Grecs, une observation assez nouvelle que je recommande à l'attention du Lecteur.

TIMBALES. *Tabala* était, suivant Plutarque dans la vie de Crassus, et suivant Hésichius, un tambour dont se servaient les Parthes. C'est *tablon* en arabe, *tym-*

panon en grec, et *tympanum* en latin.

Il paraît que cet instrument s'est d'abord appelé *timbre*, et qu'il en est question sous ce nom dans *Perceval* et dans ces vers du *roman de la Rose :*

> Cil fleues court si joliement,
> Et maine si grand dissonent,
> Qu'il résonne, tabourne et *timbre*
> Plus souef que tabour ne *timbre*.

TIMBRE, qui signifie dans son acception actuelle un instrument d'un métal sonore qui retentit sous le marteau, est incontestablement tiré de la même racine.

TIMPAN, est le nom qu'on a donné à cette partie de l'oreille qui reçoit les impressions de l'air agité, et qui cause le sentiment de l'ouïe, parce qu'elle est comme une espèce de tambour sur lequel les bruits extérieurs viennent agir.

TIMPANON, sorte d'instrument de Musique, monté avec des cordes de laiton qui vibrent sous de petites baguettes, présente le type grec sans aucun changement.

On appliquera facilement aux autres expressions de la même famille les observations que je fais sur celles-ci, soit que les objets qu'elles représentent aient été dénommés d'après le bruit qu'ils rendent, soit que leurs qualifications aient été déterminées par de simples analogies, comme cela a lieu dans le verbe *timpaniser*, qui se dit pour, blâmer hautement, parce que ces sortes de diffamations sont, en quelque manière, divulguées au son du tambour.

TINTEMENT, TINTER. Onomatopées du son de la cloche, qui avaient d'heureux équivalens dans le *tinnitus* et le *tintinnire* des Latins. Ils avaient aussi appelé *tintinnabulum* la petite clochette qui rend un bruit clair et argentin. Catulle a dit, avec peu de goût, ce me semble : *auris tintinnat tintinnabulum.*

TINTEMENT, ou TINTOUIN, se disent indistinctement d'un battement importun qui fatigue l'oreille, et qui ressemble au *tintement* de la cloche. Nicod en explique assez bien l'extension métaphorique. « *Tintouin*, dit-il, est un nom imité du chifflement qui se fait aux ventricules du » cerveau, et cornissant par les oreilles, » et vient de *tinter*; et parce que tel *tin-* » *touin* empêche le repos de la personne,

» on l'usurpe aussi par métaphore, pour » souci rongeant, travail d'esprit et fati» gation de l'entendement ».

Tintamarre, vient, selon Pasquier, du bruit que font les paysans quand ils frappent sur leur *marre*, qui est un instrument de labour, pour avertir ceux qui sont éloignés, de quitter leur besogne, et que midi est sonné. Quoi qu'il en soit de cette désinence parasite, il ne peut y avoir de doute sur l'effet imitatif de cette expression et sur le caractère de sa racine, qui est bien évidemment prise dans le son naturel.

TOCSIN. Ce mot vient de *toquer*, *frapper*, et de *sing*, qui signifiait autrefois une cloche. Il en est fait mention en ce sens dans le Pontifical.

En quelques lieux, on appelle encore petit *sing* les petites cloches. Il y a aussi un vieux proverbe qui dit : on en fait bien les *sings* sonner, pour dire, on en fait beaucoup de bruit.

Tocsin, est donc composé d'un son naturel et d'un son abstrait, à supposer que *sing* lui-même ne soit pas une Onomatopée ancienne. Rabelais a écrit *toquesing* au chapitre 66 du livre IV de *Pantagruel.*

TONNER, TONNERRE. Ce météore terrible a fourni des Onomatopées à tous les peuples. C'est une des premières catastrophes naturelles qui aient dû frapper l'imagination de l'homme, et il n'est pas étonnant qu'il ait cherché à le représenter par un concours de sons éclatans. Dans notre Langue même où cette imitation est plus imparfaite que dans beaucoup d'autres, on peut remarquer cependant que le nom du *tonnerre* est formé d'une syllabe très-sonore, alongée d'une terminaison roulante.

Les Celtes ont dit *tonitru*, les Latins *tonitruum*, et leur prononciation donnait à ce mot une harmonie sourde et retentissante comme les *grondemens* de la foudre dans les échos; les Italiens *tuono*, les Espagnols *tronido*, les Anglais *thunder*, et les Allemands *donner*.

Ajoutons, sans pousser plus loin cette recherche, que les idiomes humains n'ont pu exprimer un bruit de la nature de celui-ci que par des approximations encore bien imparfaites, quoique le son radical des différens noms par lesquels ils l'ont caractérisé, soit le plus grave de tous ceux que peut former la voix. Aussi est-il devenu dans les mots *son* et *ton*, le signe général de tous les bruits, de toutes leurs modifications et de tous leurs effets.

TORRENT. Du bruit d'un courant d'eau très-impétueux, effet que l'auteur d'un roman moderne a cherché à rendre dans ce passage, qui ne me paraît pas tout à-fait dépourvu d'harmonie.

« Après des pluies abondantes, un torrent large et rapide, grossi de tous les ruisseaux et de toutes les ravines, descend du haut de nos montagnes avec le bruit de la foudre, s'élance furieux dans la plaine, la remplit d'épouvante et de désastres, brise, envahit, dévore tout ce qui contrarie son passage; et, chargé d'arbres déracinés, de rocs et de décombres, il roule et se précipite en grondant dans la Salza ».

Torrent se dit *strumor* en Langue gallique, et se trouve ainsi exprimé dans des fragmens d'anciennes poésies, attribuées à Ossian.

* TOURDE. En vieux français *tourd*. C'est un nom qu'on donne à la grive dans

quelques provinces, et que les Étymologistes disent fait par Onomatopée.

Le mot *twrdd* a désigné en celtique, suivant M. Court de Gébelin, le chant bruyant de certains oiseaux, et, en général, les bruits tumultueux et fatigans.

ÉTOURDIR, rompre la tête à quelqu'un à force de criailleries, est construit sur cette racine.

TOURTEREAU, TOURTERELLE. En hébreu *thor;* dans presque toutes les Langues orientales *tur;* en latin *turtur*, prononcé *tourtour;* en italien *tortora*, *tortorello*, *tortorella;* en espagnol *tortola;* en anglais *turtledove;* en allemand *turteltaube;* en celtique *turzunel;* en vieux français *tourte* et *tourtre*.

Il n'est personne qui ne reconnaisse dans ces expressions des Onomatopées très-heureuses du roucoulement des *tourterelles*.

TOUSSER, TOUX. Du bruit que l'on fait en *toussant*.

Le *husten* des Allemands, et le *cough* des Anglais, pour être d'une construction différente, n'en sont pas moins des Onomatopées incontestables.

TRACAS, TRACASSER. Ces mots expriment dans leur sens propre un bruit violent et incommode, comme celui des corps qui se fracassent; mais ils diffèrent de cette dernière espèce d'expression et quant au sens et quant à la racine, en ce que l'idée de fracas emporte celle de rupture et de brisement, qui n'est point inhérente à celle-ci.

Nicod prétend fort mal-à-propos, selon moi, que *tracas* vient de *trac* ou *trace*, *comme qui dirait aller çà et là, errer par les voies.*

Quoique ce terme et ses dérivés ne soient guère d'usage que dans des acceptions figurées, ils sont sensiblement tirés d'un son naturel, et on appelle encore très-bassement dans la Langue du peuple, du nom de *tracas*, une chaussure lourde et grossière, qui cause un bruit désagréable quand on marche.

On peut remarquer ici un singulier rapprochement; c'est que la dénomination triviale dont je parle a le même rapport avec le mot *tracasser* que *savate* son synonyme avec le mot *sabat*, qui se prend dans notre Langue pour un bruit haut et tumultueux. *Sabata* se dit en celtique, pour, faire du bruit ou crier à pleine voix. *Sabot* dériverait de la même racine, et on aurait fait de ce dernier mot, par extension, le nom de l'ongle de certains animaux.

TRANSIR. La racine de ce mot que je choisis au hasard dans sa famille, caractérise un grand nombre de mots analogues, et dont le sens est marqué par le bruit naturel dont ils dérivent.

Les dents serrées convulsivement dans le frémissement du froid, de la fièvre et de la peur, laissent échapper un son dur et roulant dont on a fait *transir*, engourdir, pénétrer de froid,

TERREUR, sentiment de crainte causé par la présence d'un objet épouvantable;

TREMBLEMENT, frissonnement véhément et universel,

TREMBLER, frissonner avec force par tout le corps,

TREMBLOTER, qui en est le diminutif;

TREMBLE, arbre ainsi nommé, parce que ses feuilles *tremblent* et s'agitent au moindre vent,

TRÉMOUSSEMENT, SE TRÉMOUSSER,

Tressaillement, Tressaillir, qui expriment de petites émotions, de faibles mouvemens d'effroi, de surprise ou de joie.

TRANTRAN. Mot factice et populaire qui n'est plus d'usage que dans son acception figurée, c'est-à-dire, pour signifier l'intelligence d'un état, d'un métier, le secret d'un négoce, le cours des affaires de commerce et d'industrie.

Quelques-uns prétendent que ce mot s'est dit proprement du son du cor des chasseurs, sens auquel il est employé dans la *vénerie* de Dufouilloux, de sorte que ce serait une métaphore tirée de la conduite de la chasse.

D'autres avancent que cette façon de parler vient du bruit des violons qui s'accordent, bruit qu'on peut rendre par *trantran;* et alors ce serait une métaphore tirée de l'accord et de l'harmonie de la musique.

TRAQUET. Petite soupape qui ouvre et ferme l'ouverture de la trémie, pour laisser tomber ce qu'il faut de grain sous la meule.

TRICTRAC. Jeu dont le nom vient du bruit que font les dames et les dés dont on se sert en jouant. C'est ce bruit que M. Delille exprime admirablement dans ces vers :

J'entends ce jeu bruyant où le cornet en main,
L'adroit joueur calcule un hasard incertain.
Chacun sur le damier fixe (1) d'un œil avide
Les cases, les couleurs, et le plein et le vide.

---

(1) Le mot *fixer* n'est point français dans le sens de regarder fixement, d'attacher un regard *fixe* sur une personne ou sur une chose; mais c'est une de ces expressions que l'usage devrait avoir consacrées. Ce verbe offre une des figures les plus énergiques, une des hyperboles les plus éloquentes de la Langue; c'est non-seulement saisir l'objet sur lequel nous portons la vue, c'est encore l'arrêter, le rendre immobile, nous l'approprier, nous l'identifier par le seul effet de nos regards, *habere in oculis*, disaient tout aussi hardiment les Latins.

Jean-Jacques Rousseau, Duclos, Rivarol, madame de Genlis l'ont fréquemment employé. M. de Châteaubriand, tout en le condamnant dans un autre, l'avait laissé échapper deux fois dans la première édition du *Génie du Christianisme*; et les termes qu'il y a substitués depuis, sont bien loin de racheter le sacrifice que cet Ecrivain a cru devoir en faire à la correction. Il lui appartenait, il appartient à quelques hommes qui doivent à leurs talens le privilége de donner aux mots le droit de cité, d'accueillir celui-ci dont rien ne nous offre l'équivalent : je le recommande aux Lexicographes.

Les disques noirs et blancs volent du blanc au noir;
Leur pile croît, décroît. Par la crainte et l'espoir,

Il n'est guères possible, au reste, de parler de la formation des mots dans les Langues premières, sans être obligé de s'arrêter un moment à ce qu'on appelle la néologie ou création des mots nouveaux. Cette néologie est une des choses dont on a parlé le plus diversement, et dont on peut effectivement porter les jugemens les plus opposés. Elle est à la fois le génie protecteur et le fléau des Langues; elle les enrichit et les dénature. Par elle, tout se dégrade, tout se confond; et sans elle, l'imagination asservie se traîne impatiemment dans ses lisières.

Il est certain que tous les mots ayant été formés pour exprimer la pensée prise sous certain aspect, ou l'être pris dans certaine qualité, et que rien n'étant plus mobile que les aspects de la pensée et plus varié que les qualités de l'être, il n'y a pas un seul homme qui n'ait souvent besoin, pour rendre sa sensation avec justesse, d'improviser une expression qui la peigne. Otez cette ressource à l'esprit, et vous détruisez tout ce qui reste de poésie dans vos Langues. Vous condamnez Racine à parler le patois de Jodelle, et à quelqu'époque même que la Langue soit prise, vous donnez d'injustes entraves à la pensée, car les idées se succèdent sans cesse en variant leur ordre et leurs rapports. Si j'ai vu ce qui n'a point été aperçu jusqu'à moi, si j'ai découvert entre des choses connues un rapport frappant et cependant nouveau, ce qui est le propre d'une organisation poétique, le tour et le mot dont

Battu, chassé, repris, de sa prison sonore
Le déz avec fracas part, rentre, part encore.
Il court, roule, s'abat.

---

j'ai besoin n'ont pas pu être prévus. Il faut donc que j'imite l'homme primitif dans ses essais, et que je crée un signe pour ma perception; ou bien si vous me forcez à n'employer que des signes déjà convenus, il faut que je délaye une idée forte et ingénieuse dans une périphrase languissante.

D'un autre côté, la néologie sera d'un plus grand secours à ces Ecrivains sans talens, qui, incapables de saisir des effets nouveaux, parviennent cependant à faire croire au vulgaire qu'ils y ont réussi, en revêtant d'un tour audacieux et d'une expression inusitée des idées communes et souvent triviales et populaires. De là ces locutions barbares, ces mots bizarrement composés, ces néologismes intolérables qui frappent l'esprit sans l'instruire, et que la manie des nouveautés perpétue quelquefois dans le langage qu'ils finissent par corrompre.

Il y a donc beaucoup de choses à observer dans l'admission des mots nouveaux : qu'ils soient indispensables, que leur construction ne soit point étrangère à l'esprit de la Langue, qu'elle rappelle distinctement leur racine, que des Ecrivains estimés en aient fait usage.

Au reste, je regarderais un dictionnaire des mots à admettre dans la Langue comme une entreprise peu philosophique et mal mesurée. Les mots, interprètes

Dumarsais croit que ce jeu s'est appelé autrefois *tictac*, et il est encore désigné de cette manière par les Allemands et les Anglais.

* TRINQUER. Heurter les verres en buvant, ce qui se fait avec un bruit dont le mot *trinquer* est formé par Onomatopée.

Les Allemands s'en sont emparés, en lui donnant quelque extension, pour représenter l'action de boire elle-même. Ils disent *trincken*, les Flamands *drincken*, et les Italiens *trincare*.

TROMPE, TROMPETTE. Dans la basse latinité *trumpa;* en italien *tromba* et *trom-*

---

de la pensée, doivent s'élancer avec elle, et c'est dans la chaleur d'une conception rapide qu'un néologisme heureux se fait pardonner. L'invention ne procède point par ordre alphabétique ; mais ce serait peut-être un livre assez curieux que celui qui réunirait les expressions vives, caractéristiques et originales qui sont propres à un seul Ecrivain, qui n'ont point été mises en œuvre depuis lui, ou qui l'ont été rarement, et qui ne se sont point conservées dans les vocabulaires. On en tirerait beaucoup de ce genre des écrits de Cicéron, de Sénèque, de Rabelais, de Montaigne, de Sterne, de Milton, de Schiller, du Dante et d'Alfieri.

betta; en anglais *trumpet;* en allemand *trompéte*.

Il était inutile de chercher l'étymologie du mot *trompette* dans ces différentes Langues, comme l'a fait Ménage, ou il fallait remonter du moins jusqu'au bruit naturel qui l'a produit, ainsi que ses analogues.

« *Trompe*, dit le père Labbe, *tromper*,
» *trompette*, *trompetter*, viennent du son
» qui se fait ordinairement dans le cor de
» chasse *trom*, *trom*, *trom*, et non pas de
» *tuba*, ni du *taratantara* du bon Ennius
» qu'il avait formé sur le son clair et gail-
» lard des clairons et de la doucine ».

TROMBONNE, est le nom italien actuellement francisé d'un instrument que nous avons d'abord nommé *trombon*.

TROT, TROTTER. Le mot *trot* représente à l'oreille comme à la pensée l'allure naturelle des chevaux dont on presse le pas. C'est donc avec raison que Pasquier le dérive, par Onomatopée, du bruit que font les animaux en *trottant*.

De la même racine vinrent le celtique *troad* qui signifie *pied*, et le celtiquè *trotta* qui signifie *trotter*.

Je ne sais où M. Court de Gébelin a lu *trul*, qui se disait pour, *aller* ou *courir çà et là*, et dont viendrait le mot populaire *trauler*.

TURLUT. C'est un oiseau du genre de l'alouette, qu'on a nommé *turlut* en raison de son chant dont ce mot est l'expression.

TIRELIRE, est une autre Onomatopée construite pour représenter le même bruit naturel, comme *turelure* et *turelurelu* pour imiter le son de la flûte. « Ces termes factices, qui ont bonne grace dans une » poésie telle que celle-ci, dit la Monnoye » dans son curieux glossaire sur les Noels, » seraient insupportables dans un poème » sérieux. Virgile n'a eu garde d'employer » le *taratantara* d'Ennius. Un Merlin Coccaïe, un Arena, un Belleau ont eu droit » d'exprimer, comme bon leur a semblé, » toutes sortes de voix dans leurs macaronées, mais on ne saurait pardonner » à Dubartas sa ridicule description du » chant de l'alouette, en ces quatre vers » du cinquième livre de sa Semaine » :

La gentille alouette avec son *tire lire*
Tire l'ire à l'iré, et *tirelirant* tire
Vers la voûte du Ciel, puis son vol vers ce lieu
Vire et desire dire, adieu dieu, adieu dieu.

Il faut dire à l'honneur du siècle de Dubartas que ces vers parurent déjà très-misérables de son temps, car je les lis ainsi corrigés, mais non pas beaucoup meilleurs dans l'édition que je consulte.

La gentille alouette avec son *tire lire*
Tire l'ire aux faschez, et d'une tire, tire
Vers le pole brillant, plus d'un plumage las
Changeant un peu de son se laisse cheoir en bas.

C'est cette version qu'Edouard Dumonin a suivie dans sa traduction latine, intitulée *Beresithias* :

Dulcis alauda suo tire liro *consonna tollit*
Iratis iras, sævamque extrudit Erymnin
Flammicomum tractuque polum levis involat uno
Hinc leviter flexo cantu, dum membra fatiscunt
Corpora demittit terræ.

Baptiste Mantouan a cherché à exprimer la même chose dans ce passage de ses poésies, et y a sans doute mieux réussi que ses rivaux, sans recourir au même procédé :

Prole novâ exultans, galeâque insignis alauda
Cantat; et ascendit ductoque per aera gyro
Se levat in nubes : et carmine sydera mulcet.

Ronsard a fait usage aussi du mot *tire lire* dans une piece de ses *Gaîtés*, intitulée l'*Alouette*, et c'est peut-être la seule tache qu'il y ait dans ce morceau charmant :

Hé Ciel que je porte d'envie
Aux plaisirs de ta douce vie,
Alouette qui de l'amour
Dégoises dès le point du jour,
Secouant en l'air la rosée
Dont ta plume est toute arrousée!
Devant que Phébus soit levé
Tu enlèves ton corps lavé
Pour l'essuyer près de la nue.
Trémoussant d'une aile menue,
Et te sourdant à petits bonds,
Tu dis en l'air de si doux sons
Composés de ta *tirelire*,
Qu'il n'est amant qui ne desire,
T'oyant chanter au renouveau
Comme toi devenir oiseau.
Quand ton chant t'a bien amusée,
De l'air tu tombes en fusée
Qu'une jeune pucelle au soir
De sa quenouille laisse cheoir,
Quand au fouyer elle sommeille
Frappant son sein de son oreille :
Ou bien quand en filant le jour
Void celuy qui luy fait l'amour

Venir près d'elle à l'impourveüé,
De honte elle abaisse la veüe,
Et son tors fuseau délié
Loin de sa main roule à son pié.

Cet épisode de la fileuse est d'un goût absolument antique, et un des plus gracieux que l'on puisse imaginer. Si Ronsard n'avait jamais fait que de pareils vers, la postérité lui aurait peut-être confirmé jusqu'à un certain point ces titres pompeux de *Prince des Poètes*, et d'*Apollon de la source des Muses*, qu'on lui a donnés de son temps.

V

* VAGIR, VAGISSEMENT. Ces mots expriment le cri des enfans qui viennent de naître, et notre Langue a récemment admis le substantif *vagissement* sur les réclamations de Voltaire. « C'est une disette » insupportable, écrivait-il, d'appeler des » choses si différentes du même nom. Le » mot *vagissement*, dérivé du latin *va-* » *gitus*, aurait très-bien exprimé le cri » des enfans au berceau.

» Dumarsais, observe un autre Litté-

» rateur, a fait tout ce qu'il a pu pour » faire prendre ce mot, et n'a point réussi. » C'est le cas de le reproduire, et de faire » voir qu'il est aussi naturel et aussi utile » que *mugissement*. Le cri d'un enfant au » berceau est, à coup sûr, une bien lon- » gue périphrase ».

Le verbe *vagir*, qui est fait du substantif, comme de *mugissement* et *rugissement* sont faits *mugir* et *rugir*, et dont la construction est, par conséquent, très-conforme à l'esprit de notre Langue, n'est sans doute pas à dédaigner. Un étranger qui a donné quelques volumes à la Littérature française, a dit quelque part : « Si Dieu m'offrait le privilége de la ré- » trogradation jusqu'à mon enfance, et » de *vagir* une seconde fois dans le ber- » ceau, je refuserais ses offres ».

VAGUES, est le nom qu'on donne aux eaux agitées et mugissantes, parce que le bruit qui s'en élève ressemble à un long *vagissement*. En allemand *wage*, *woge*; en gothique *wego*; en anglo-saxon *waeg*; en islandais *vag*.

VIOLON. Je crois devoir rapporter à propos de ce mot les raisons ingénieuses qu'emploie M. Court de Gébelin pour en faire remonter l'origine au son naturel. » Le » mot *violon*, dit-il, désigne un instru- » ment à cordes qu'on fait résonner avec » un archet. Mais quelle est l'origine de » ce nom ? Elle se perd dans la nuit des » temps pour tous les Étymologistes ; car, » dire avec eux, qu'il vient de l'espagnol » *biolone*, ce serait tout au plus suppo- » ser que cet instrument nous vînt par » l'Espagne, ce qui serait, peut-être, dif- » ficile à prouver.

» Ce nom tient à ceux de quelques » autres instrumens appelés *viole*, basse » *de viole*, *violoncelle*, *etc*.

» Si jamais nom dut être formé par Ono- » matopée, n'est-ce pas celui d'un instru- » ment de musique ? Ils ont un son à eux, » un son déterminé et constant, un son » propre à les distinguer de tout autre. Ce » son dut devenir leur nom dès l'origine ; » et, quoique naturelle, on dut perdre à » jamais cette origine de vue, dès qu'on » eut perdu de vue les origines de la Lan- » gue qu'on parlait, et les révolutions de » la nation dont on faisait partie.

» Les instrumens bruyans, tels que le

» tambour, le tympanon, et la tymbale, » portent des noms parfaitement imitatifs : en les nommant, on peint le coup » qui les fait retentir.

» Dans les instrumens à cordes, on avait » à peindre des sons d'une toute autre » espèce, des sons aigus et sifflans, grêles » en quelque sorte; on eut donc recours, » pour les peindre, à la voyelle *i*, dont » le son grêle, aigu et sifflant se met si » bien à l'unisson de ces instrumens, et » qui, associée au son *o*, sert également » à peindre cette joie et cette gaîté qu'ac- » compagne et qu'inspire dans les fêtes » le son des instrumens. On dit donc » *viole*, *violon* par le même sentiment » qu'on disait ioh! ioh! et qu'on fit en » *iol* et en *jol* les mots celtes, theutons, » basques, etc. qui peignent la joie et le » plaisir.

» C'est de ce mot que les Latins firent » également celui de *fides*, qui désigna » les instrumens à cordes, et qui forma » le diminutif *fidicula*, petit instrument » à cordes; tandis qu'en le prononçant » en *v*, ils en firent *vitula*, 1°. la déesse » de la joie; 2°. en latin barbare, cet

» instrument dont nous avons altéré le
» nom en celui de *vielle*.

» Ils en firent encore
» *Vitulari*, se réjouir, folâtrer,
» *Vitellianæ*, tablettes sur lesquelles
» on écrivait des choses gaies ».

VÎTE, VÎTESSE. Le mot *vîte* est peut-être l'imitation du souffle, accéléré par la promptitude de la marche.

Les Latins n'en auraient-ils pas fait *festinare*, se hâter? En anglo-saxon, *hwato* signifie alerte, prompt, et *hwetan*, exciter, animer.

Z

ZÈSTE. C'est une zône très-mince qu'on enlève de la peau d'une orange, en glissant vivement contre sa superficie le tranchant d'un couteau. Le petit bruit qui en résulte a motivé cette dénomination qu'on a étendue depuis à d'autres acceptions, tant propres que figurées.

ZIGZAG. Ce sont, suivant Ménage, des tringlettes croisées en losange les unes sur les autres, qui se resserrent et s'alongent, et dont on se sert pour faire tenir des lettres ou autre chose dans des lieux élevés.

Poisson a composé une petite comédie intitulée le *Zigzag*, où Octave donne une lettre à Isabelle, qui était à la fenêtre d'un logis.

> Mon *zigzag* fera son office ;
> Ce mot de lettre mis au bout
> Instruit Isabelle de tout.

Ménage reconnaît que ce mot a été fait par Onomatopée.

FIN.

TABLE

DES

ONOMATOPÉES

A

B

BREDOUILLER.

BROUHAHA.

BROUTER.

BROIEMENT, BROYER.

BRUIRE, BRUISSEMENT, BRUIT.

Bruyère.

C

CAHOT, CAHOTER.

CAILLE.

* Cailletage.

* Caillette.

* Cailleter.

CANARD.

Cancan.

CAQUET, CAQUETER.

CASCADE.

CATACOMBE.

CATARACTE.

CHAT-HUANT.

CHEVÊCHE.

CHOC, CHOQUER.

CHOUCAS.

CHUCHOTTER, CHUCHOTTERIE, CHUCHOTTEUR.

CIGALE.

* CLAPPEMENT.

D

E

F

Frisson, Frissonnement.

Frayeur, Effroi.

Froid.

FRÉTILLER.

Fretin.

FRIRE.

FRISER.

FROISSEMENT, FROISSER.

FRÔLER.

FRONDE.

FROTTEMENT, FROTTER.

FROUER.

G

GALOP, GALOPER.

GARGARISER, GARGARISME.

* GARGOUILLE.

GAZOUILLEMENT, GAZOUILLER.

GEAI.

GLAPIR, GLAPISSEMENT.

Glas, ou Glais.

GLISSER.

Glace.

* GLOUGLOTTER.

GLOUGLOU.

GLOUTON, GLOUTONNERIE.

Engloutir.

GROGNEMENT, GROGNER, GROGNEUR.

* GROGNARD.

* GROGNON.

GROMMELER.

GRONDEMENT, GRONDER, GRONDERIE, GRONDEUR.

GROIN.

GRUAU.

GRUE.

* GRULLER.

GUÊPE.

* GUIORER.

H

HACHE.

* HAHALIS.

HALETER.

HAPPER.

HARPE.

* HARPER.

HENNIR, HENNISSEMENT.

HEURT, HEURTER.

HISSER.

HOQUET.

HORREUR.

HORRIBLE.

ABHORRER.

MURMURE, MURMURER.

MUSC.

O

OIE.

OISEAU.

OUATE.

P

PÂMER, PÂMOISON.

PEPIER.

Piailler, Piaillerie, Piailleur.

Pepie.

Pipée

PIC.

Piquer.

Pioche.

Bêche.

* POUPE.

Poupée.

Poupon.

PUER.

R

RACLER.

RAIRE ou RÉER.

Rut.

RÂLE, RÂLEMENT, RÂLER.

Râle, oiseau.

14.

Roulis.

Roulon.

Rôle.

Rôler.

Enrôler, Enrotuler.

Enrôlement, Enrôleur.

Rotonde.

Rotondité.

Rond.

Rondeur.

Rondelet.

Rondin.

Rondiner.

Rondache, Rondelle.

Rondeau.

Ronde.

A la ronde.

Rondement

Arrondir.

Arrondissement.

Route.

Routier.

Routine.

Routinier.

Dérouter.

RUGIR, RUGISSEMENT.

RUISSEAU, RUISSELER.

Rouir.

S

T

TIQUETÉ.

TÂTER, TÂTONNER, À TÂTONS.

TAFFETAS.

TAMBOUR.

TARABUSTER.

TAMPON.

TAPE, TAPER.

SE TAPIR.

TAPON.

TAUPIN.

ÉTOUPE.

TAN.

TAON.

TARABAT.

TARIN.

TETER.

TETTE.

TIMBALES.

TIMBRE.

TIMPAN.

TIMPANON.

TINTEMENT, TINTER.

TINTEMENT ou TINTOUIN.

TINTAMARRE.

TOCSIN.

TONNER, TONNERRE.

TORRENT.

V

VIOLON.
VÎTE, VÎTESSE.

Z

ZESTE.
ZIGZAG.

TABLE ALPHABÉTIQUE

Des Auteurs cités dans cet Ouvrage, ou qui ont été consultés pour sa Composition.

Brisson.
Buffon.
Bullet.

C

M. de Cambry.
Caseneuve.
Castelvetro.
Catulle.
M. de Châteaubriand.
Chapuis (Gabriel).
Chevalier.
Cholieres.
Christian de Troyes.
Cicéron.
Clotilde de Surville.
Clusius.
Coquillard.
Costar.
Covarruvias.
Court de Gébelin.
Cyrano de Bergerac.

D

Dante.
M. David de Saint-Georges.
Davies.
Debrosse.
M. Delille.
Mad. Deshoulières.
Desmarets.
Dubartas.
Dubellay.
Ducange.
Duclos.
Dufouilloux.
Dumarsais.
Dumonin (Edouard).
Duverdier.

E

Edwards.
Ennius.
Euripide.

F

Fernandez.

G

Mad. de Genlis.
Gringore.
Guichard.

H

Hauteroche.
Herbinius.
Hesichius.

J

Jérémie.
Saint-Jérôme.

K

Klein.

L

Le père Labbe.
La Bruyère.
La Fontaine.
M. Lalanne.
La Monnoye.
Latour d'Auvergne.
Le Brigand.
Le Duchat.
Legros.
Dom Lepelletier.
Leroux.
Letourneur.
Linguet.
Linné.
Lorris (Guillaum. de).
Lucrèce.

M

Malherbe.
Marcgrave.
Marot.
Martinet.
Ménage.
M. Mercier.
Milton.
Molière.
Monnet.
Montaigne.

N

Nicod.
Nicole Gilles.

O

Ossian.

P

Paradin.
M. de Parny.
Pasquier.
Perse.

Pison.
Plutarque.
Poisson.
Polidore Virgile.

Q

Quinault.

R

Rabelais.
Racine.
Ramus.
Regnier.
Rivarol.
Ronsard.
M. de Roujoux.
Rousseau (Jean-Bapt.)
Rousseau (Jean-Jacq.)

S

Saint-Amand.
Saumaise.
Saunderson.
Scaliger.
Schiller.
Schrevelius.
Seba.
Servius.
Skinner.
Souchu de Rennefort.
Sterne.
Swift.

T

Théophile.
Trenck (le baron de).

V

Varron.
Villon.
Virgile.
Voltaire.

Y

Young.

www.ingramcontent.com/pod-product-compliance
Ingram Content Group UK Ltd.
Pitfield, Milton Keynes, MK11 3LW, UK
UKHW031836260826
14628UKWH00001B/420